연봉 10배,
재택창업으로
퇴사합니다

연봉 10배, 재택창업으로 퇴사합니다

초판 1쇄 발행 2024년 8월 20일

지은이 이승주
펴낸이 오형선
펴낸곳 생각수레

출판등록 2009년 5월 1일 제25100-2009-000027
이메일 sunnbooks@naver.com

이 책은 저작권법에 따라 보호받는 저작물이므로 무단전재와 무단복제를 금지하며, 이 책 내용의 전부 또는 일부를 이용하려면 반드시 저작권자와 썬앤북스의 서면동의를 받아야 합니다.

＊ 책값은 뒤표지에 있습니다.　　＊ 잘못된 책은 구입하신 곳에서 바꿔드립니다.

썬앤북스(Sun&Books)는 독자 여러분의 책에 관한 아이디어와 원고 투고를 기다립니다. 책으로 엮기를 원하는 기획안이나 원고가 있으신 분은 이메일 sunnbooks@naver.com으로 간단한 개요와 취지, 연락처를 보내주세요. 저희의 문은 언제나 열려있습니다. 감사합니다.

연봉 10배, **재택창업**으로 **퇴사**합니다

이승주 지음

생각수레

차례

들어가는 글   8

1장 사업왕 천재청년, 창업에 미치다

절대 실패하지 않는 100% 창업전략을 배워라   15

빈털터리어도 부자의 사고방식으로 생각하라   22

사기꾼들의 소굴, 헬조선에서 절대 조심해야 할 것들   30

정신병자 사장님, 아프니까 사장이다   37

2장 간절하게 꿈꾸면 500% 이루어지는 비밀

월 1억의 돈을 벌어야 하는 이유   45

'멘토'를 만나 빠르게 '부의 추월차선'에 올라타라   53

월급만으로는 절대 부자가 될 수 없다　62
내가 상상하면 꿈이 현실이 된다　68

3장　창업고수의 '10억'짜리 사업 성공수업

13년 경력 '창업 멘토'가 말해주는 꿀팁　77
폭발적 성장, 상위 0.1% 마케팅의 비밀　85
나만의 99.9% 스트레스 박살내는 비법　93
상위 1%만 알고 있는 부와 성공의 법칙　100
밑바닥 인생에서 '30배' 성장하는 자기계발 필살기　110

4장　청년, 10미터만 더 뛰어봐

시련은 변형된 축복이다　123

차례

나를 죽이지 못하는 시련은 나를 더 단단하게 만든다 127
월급쟁이보다 10배 빨리 부자되는 쇼핑몰에 도전하다 131

5장 고졸 흙수저, 부자에 도전하다

'부자'가 되려면 '부자'의 줄에 서라 141
딱 5년만 미친 듯 부자에 도전하라 146
배움이 없는 회사를 다녀야 할까? 150
초고속 10배 성장의 비밀, 멘토를 만나라 155
쳇바퀴 속 현대판 노예, 직장을 벗어나라 162
직장은 당신을 구원할 수 없다 168
7만원의 기적, 검은 봉지째로 팔다 175
화려한 홍대 클럽에서 장사에 도전한 사업왕 179
무일푼에서 부자가 된 롤모델을 만나라 183

6장 20대 초반, 억대연봉 천재 장사꾼

월 10만원에 고시원, 라면으로 떼우던 청년　191
상위 10% 영업 고수가 말해주는 비밀　196
양아치 알바생? 괴짜 천재 알바생의 도전　202
대물림되는 가난의 쇠사슬, 이제 내 대에서 끊자　207
2평 고시원의 기적, 20대 억대연봉 장사꾼　214
부업으로만 월 400만 원 버는 청년 I　220
부업으로만 월 400만 원 버는 청년 II　226
사업으로 '월 1억 원'을 버는 고수들　231

마치는 글　238

■ 들어가는 글

　이 책의 창업왕 성공스토리는 매우 흥미롭고 충격적인 100% 실화이다. 13년 전, 무일푼 고졸 흙수저가 고시원에서 라면으로 끼니를 때우면서 이를 악물고 외로움과 싸우고, 불철주야 밤을 새가며 자수성가 부자가 되는 창업노하우에 대한 연구성과를 집대성한 천금보다 더 귀하고 값진 피땀이 고스란히 담긴 매우 소중한 결실이다. 단돈 7만원으로 창업해 현재는 '세계 1위 기업' 설립의 비전을 품고 매일 기적이 일어나는 '자수성가 공부방'에서 하루 3시간 재택창업으로 수많은 자수성가한 성공자들이 탄생하도록 돕게 된 감동적인 성공스토리다. 다음과 같은 사람들은 이 책을 반드시 읽어라. '10년의 세월을 아끼고 싶은 사람', '시행착오를 줄여서 세월을 벌어 빠르게 성공하고 싶은 사람', '창업에 절대 실패하고 싶지 않은 사람', '세월을 아껴서 성공 노하우를 3시간 만에 압축해서 마스터하고 싶은 사람', '3년 안에 퇴사, 은퇴를 준비하는 사람' 등 성공에 매우 간절한 사람들은 무조건 이 책을 여러 번 읽어라.

그러나 나도 한때는 '이렇게 아무 것도 이루지 못한 채로 늙어 버리는 건 아닐까?' 절망의 20살을 보내던 나는 가끔 불안했다. 성공해 보겠다고 대학교까지 포기하고 창업에 도전했는데, 인생만 허무해지는 것은 아닌지 불안했다. 파지를 줍는 노인 분들을 보면 '노력을 하지 않아서 저렇게 사는 거야'라고 생각했었는데, 점차 생각이 바뀌게 되었다. '아무리 노력해도 안 되는 걸까?' '나도 나중에는 저럴 수밖에 없지 않을까?' 월세 30만 원짜리 고시원에서 라면으로 끼니를 때우던 시절이 엊그제 같다. '나도 어쩌면……'이라는 불안함은 나의 열정을 더욱 강하게 만들어 주었다. 나는 남은 인생에서 보상받고 싶었다.

　나는 20살부터 장사를 시작했는데, 남들보다 못한 수준에서 시작했다. 족히 최하위권이라고 할 수 있겠다. '없는 집 아들', '말더듬이', '시골촌놈', '장의사 집, 폐가에 사는 아들', '내성적인 아이', '고졸', '저능아' 등 나를 따라다닌 꼬리표들이다. 수천만 원 빚에서 시작했다. 가난은 나에게 씻지 못할 트라우마를 남겨주었다. 매일 지옥과 같은 하루를 살아가는 사람들이 있다. 이런 사람들은 돈을 벌건 벌지 못하건 내면에 극심한 고통을 겪고 있다. 나는 이러한 상황에서 꿈만을 좇았다. 남은 인생이라도 보상받고 싶었다. "나는 위대한 사람이다." "나는 훌륭한 사람이다." "나는 할 수 있다"라고 외치며, 마음을 다잡았다.

그 시절, 나에게 성공에 대한 방법을 알려주는 사람은 없었다. 어려서부터 많은 책을 읽기는 했지만 당시에는 좋은 책을 만날 기회도 없었다. 멘토를 찾아보려고 돈도 쓰고, 시간을 써도 마찬가지였다. 원래 불쌍한 사람이 불쌍한 척을 해봐도 고수들에게는 통하지 않았다. 월급 3달치를 주겠다고 나를 키워 달라고 해도 "어린 놈이 쉽게 가려고 한다"며 욕을 먹기 일쑤였다. 어쩌면 당연한 것이었다. 교육기관에서 찍어낸 직업 강사들이 아닌, 진짜 실력자들은 자기가 스스로 노력해서 터득한 '밥그릇'이기 때문에 알려주지 않는다. 나는 돈을 벌고 나서 이 마음을 이해하게 되었다. 나도 돈을 벌고 나서, 한때 사람들을 피했기 때문이다. 고액의 교육을 받는 동안에도 나를 만나자고 찾아오는 동기들을 나는 경계했다. 사업자들의 모임에도 일절 가지 않았다. 결과적으로 이러한 처세가 나의 성장에는 방해가 되었다고 인정한다. 어쩔 수 없었다. 내가 고생해서 겨우 얻어낸 것들이 제대로 노력도 하지 않은 사람들에게 흘러가는 것이 싫었다. 나도 돈을 벌고 나니 이랬는데, 그때는 나를 욕하는 고수가 매정하게만 보였다. 원망은 하지 않았다. 원래 자신들의 것이니까 말이다. 자신들이 고생해서 얻은 것을 나에게 주지 않는다고 원망하는 것은 철없는 생각이다.

나는 고시원에서, 길거리에서 직접 고생하면서 터득했다. 정말 수만 번도 더 실패를 거듭했다. 멘토가 없었던 나는 처음부터 많은 시행착오를 겪어야 했다. 아무에게도 배우지 않은 상태에서 또래보다 수 십 배 이상의 수익을 꾸준히 올렸다. 지금보다 성공의 기회가 많지 않았던 그 시절, 그때 경험했던 작은 성공은 나의 자부심을 더욱 강하게 해주었다. 평균보다 훨씬 못한 상황에 있던 청년도, 0.1% 엘리트들의 성공가도를 달릴 수 있다는 것을 직접 경험해서 알게 된 것이다. 밑바닥에서부터 올라온 경험 때문에 나는 자수성가하는 사람들이 왜 성공할 수 있는지 알고 있다. 이렇게 얻은 성공 노하우로 자수성가 공부방에서 수강생들과 함께 성장할 것이다. 희망 없는 인생이라고 생각하는 많은 청년들에게 나의 이야기를 전하고 싶다.

내가 밑바닥부터 자수성가 성공자의 길을 걷게 된 비결은 오랜 고생과 연구 끝에 발견한 빛나는 보석보다 더 귀한 비밀, '자수성가의 법칙'을 깨닫고 이를 실천했기 때문이다. 여러분이 자수성가 부자가 되는 방법을 아직 찾지 못했다면 네이버에서 '자수성가 공부방' 홈페이지를 검색해 나(자수성가 공부방)를 찾아오길 바란다. 당신도 자수성가해, 매일 행복한 최고의 삶을 살 수 있다. 이 책을 가장 소중한 사람들에게도 선물해 함께 읽어라. 오직 스스로의 힘으로 자수성가하는 방법을 몰라 어둠에서 오랜 시간 방황하며 힘겨워하는 모두에게 희망의 등불이 되어줄 것이다. 또 누군가에게는 인생의 구세주가 될 것이다.

01

사업왕
천재청년,
창업에 미치다

절대 실패하지 않는
100% 창업전략을 배워라

지인 중에 한 명이 나에게 이런 말을 했다.

"대표님은 지금도 대단하시지만, 한국에서 태어나지 않으셨다면 더 잘 되셨을 텐데 정말 아쉽습니다."

내가 사업을 했던 거의 모든 과정을 지켜봤던 친구다. 그 친구의 말이 틀린 것만은 아니다. 3년 동안, 손발이 묶이지 않았더라면 나는 벌써 은퇴를 했을지도 모르겠다. 하지만 후회는 없다. 크고 작은 사기를 여러 번 당했던 것도 사업을 하면서 어차피 겪어야 할 일들이었다. 지금 내가 미리 아프면, 이후로는 사랑하는 이들에게 어려움이 닥쳤을 때 조언을 해줄 수도 있을 것이다. 아내가 있고 자녀가 있는 상황에서 사기를 당했더라면 얼마나 더 막막했겠는가 생각을 해본다. 그런 부분에서 '지금 이렇게 아픈 것은, 내가 더욱 성장하기 위한 성장통일 뿐이다'라고 생각한다. 그런 과정이 있었기 때문에, 이제는 쉽게 당하지 않는다. 젊은 나이에 돈을 벌어서 겸손하지 못했던 나를 되돌아보는 시간도 가지게 해준 것 같아서 다행이다.

사람은 환경의 지배를 받는다. 군대를 제대한 직후, 믿었던 사람들에게 속아서 돈을 다 날리고 아르바이트를 했던 적도 있다. 20대 초반의 나이로 하루에 순수익으로만 100만 원 이상을 벌었던 내가 걸레질이나 하고 있는 것을 보면서 억울하기도 했다. 그동안 일을 전혀 하지 못했기 때문에, 나는 머리만 커져 있었다. 예상대로 시장은 3~4년이 지나자 뒤집어졌다. 한 달에 며칠 일을 하지 않아도 순수익 월 1,000만 원 이상을 벌던 내가, 한 달 내내 일하고 월 150만 원을 받는 아르바이트생이 되어 있었다. 덕분에 회복하는 데에도 상당히 많은 시간이 걸렸다. 나는 무조건 성공할 자신은 있었는데, 당장이 너무 힘들었다. 생활비가 없어서 힘들었다는 의미가 아니다. 150만 원도 충분히 생활할 수 있는 돈이다. 하지만 20살 때 그랬던 것처럼 밥 먹을 때 계산서를 들여다보는 내가 보여서 너무 화가 났다. 남들의 눈에는 내가 말더듬이에 사회 부적응자, 알바생으로 보였을 것이다.

나는 얼른 성공하고 싶어서 그동안 장사 공부를 해왔던 것들, 사업

▲ 2022년 12월 27일 '국회'에서 '황교안 전 국무총리' 축사로 진행된 국민일보 주최 '2022 올해의 국민 브랜드 대상 1위' 시상식의 주인공 자수성가 공부방 이승주 소장(좌)과 국민일보 변재운 사장(가운데)의 기념촬영 모습

아이템을 한꺼번에 시작했다. 이 당시에도 유망한 창업 아이템만 수백 개는 가지고 있었다. 하지만 그것들을 전부 끌고 가자니 혼자서는 역부족이었다. 그렇다고 동업자나 직원을 구할 상황도 아니었다. 여러 개를 하려다 보니 오히려 진행속도가 느려졌다. 제대 후 1년이란 세월을 그렇게 허비했다. 지금에 와서야 문제와 해결방법을 알고 있지만 당시에는 내가 무능해진 것인가 의심만 했다.

교육비만 수억 원을 쓰고, 10년 정도를 장사공부만 한 나는 당시에도 무일푼에서 월 500만 원 이상은 충분히 벌 수 있었다. 하지만 나는 월 1억 원 이상을 벌고 싶어서 여러 가지 사업을 벌였다. 그 때문에 한때는 월 150만 원짜리 아르바이트를 해야 하는 신세가 되기도 했다. 세무사에게 매달 내는 기장대리비까지 아까워지는 시기였다. 세무서에 일하는 여직원에게 세금 관련 문의를 하다가 무시를 당했다. '군 복무만 아니었다면, 20대 초반의 나이로 최소 월 1억 원 이상을 벌고 있었을 텐데, 국방의 의무를 다하기 위해서 잘 나가던 사업을 내려놓았던 나에게 무슨 대우가 이런가'라며 화가 나기도 했다. 그렇다고 내가 사람들에게 '나 원래 돈 많이 벌 수 있는데 군대 다녀와서 망했다'라고 변명하기도 싫었다.

당시 나의 소득은 월 300만 원 수준이 되었다. 하지만 나에게는 충분한 경험과 자신감이 있었기 때문에 처음으로 사업자금 대출을 받아서 다시 시작했고, 결국 다시 일어섰다. 현재는 그 전보다 훨씬 더 잘 되고 있다. 글을 읽는 여러분에게는 미안하지만 나도 한때 자살 충동을 많이 느꼈다. 이제 그만 힘들고 싶다는 생각에서였다. 신이 있다면 나를 데려가 주었으면 하고 하루에도 수십 번씩 되뇌었다. 어느 날은 꿈에서 누군가가 나를 데려가 주겠다고 했다. 무섭지는 않았다. 오히려 들뜬 마음으로 롤러코스터를 타는 듯했다. 하지만 나에게는 세상에서 이루어야 할 목표가 아직 남아 있었다. 나는 조금만 더 있다가 가겠다고 했다. 아직도 선명하게 기억이 남는 꿈이다.

비록 길지 않은 인생을 살았지만, 나는 누구 못지 않게 열심히 살아왔다. 그에 대한 자부심도 있다. 이 분야에서는 최고의 전문가라는 말까지 심심치 않게 듣고 있다. 하지만 가난 때문이었을까, 가끔 이성을 잃을 때가 있었다. 나이 서른도 안 된 사람이 마음이 약하다고 하는 사람도 있었지만, 내 귀에 그들이 하는 말은 들어오지 않았다. 그들에게는 칼에 맞은 흉터와 깨진 유리병에 찍힌 흉터가 없기 때문이다. 나만큼 성공을 위해 열심히 노력한 경험도 없고, 자신들의 길조차 알지 못한다. 그러므로 그들의 비난 섞인 조언은 나에게 답이 되지 못했다. 아파 본 사람만이 아픈 사람의 마음을 이해할 수 있고, 치료할 수 있다. 비록 부끄러운 과거이지만 나의 글에서 있는 그대로 밝히는 이유는 나도 이렇게 힘들었으니 여러분도 끝까지 버티길 바라서이다.

OECD 국가 중 한국이 자살률 1위라는 말이 있다. 인생을 포기하고 싶었던 사람인 만큼 이해가 되는 자료다. 나는 칼도 여러 번 들었다. 그렇게 힘들어도 악착같이 살아남아야 할 이유가 있었다. "자살할 사람들은 진작에 자살했을 것이다. 헛소리하지 마라"라고 말하는 사람도 있을 것이다. 하지만 그들은 경험이 적어서 공감능력이 떨어진 사람이다. 차라리 죽는 게 나을 것 같은 생활을 그들은 해본 적이 없는 것이다. 힘들었던 기억은 날려버리고 멋진 인생을 살아보자. 나인들 어떻게 힘들지 않았겠는가?

　20살 때 깨진 유리병을 들고 안면이 없던 건방진 남성을 찌르려고 한 적이 있다. 나는 찌르려면 충분히 찌를 수 있었다. 하지만 그러지 않은 이유는 나에게 꿈이 있었기 때문이다. 나는 무조건 성공할 수 있다는 확신을 가지며 살았다. 사람을 때리고 싶어도 벽을 치고, 소리를 지르면서 말이다. 살이 찢어지고 뼈가 부러지도록 그렇게 했다. 여러분에게 그런 화풀이를 하라고 말하는 것이 아니다. 자해를 해도 나만 아플 뿐이다. 화가 나면 차라리 잠을 자자. 자고 일어나면 훨씬 낫다. 웬만한 정신과 의사들이 지어주는 약보다 좋은 효과가 있을 것이라고 장담한다. 여러분이 깨닫지 못했다뿐이지 세상에는 무수히 많은 성공 방법이 존재한다. 분노는 되도록 운동으로 풀길 바라고, 우선은 목표를 가지길 바란다. 목표는 지금까지 나를 살게 해준 마지막 버팀목이었다.

　이제 나의 인생 목표는 세계 일류 기업을 만드는 것이다. 나는 무조건 성공할 자신이 있다. 영원하지 않은 인생이니 조금이라도 더 젊을 때 성공하고 싶다. 그래서 내 피 같은 노하우를 여러분에게도 공개하는 것이다. 내 노하우는 대학을 가도 배울 수 없는 것들이 많다. 물론 시간이 지나면 대중에게 퍼지기야 하겠지만 그때는 노하우를 다 우려먹고 필요 없게 되었을 때일 것이다. 그저 공짜로 뜯어먹으려는 사람은 절대 알 수 없는 노하우들이다. 알려준다고만 해서 나 없이 할 수 있는 것이 몇 개나 될지 모르겠다.

나와 함께하고 싶다면 적어도 내가 정한 규칙에 따라 꾸준한 열정과 배울 자세를 가졌으면 한다. 내가 교육을 하는 이유는 믿을 만한 동업자를 찾기 위해서이다. 노하우와 사업 아이템은 충분하다. 그리고 배울 수 있을 때 배우는 것도 행운이다. 나에게 믿음직한 동업자가 되어주길 바란다.

빈털터리어도
부자의 사고방식으로 생각하라

"옛날에야 성공하기 쉬웠지, 지금은 성공하기 어렵지 않을까?"

사업 경험이 없는 사람들이 공통적으로 가지는 의문이다. 나도 사업을 하고 어느 정도 수준이 되기까지는 이와 같은 의문을 가지고 있었다. 그래서 나오는 질문이 "가진 돈을 다 잃어도 다시 성공하실 수 있을까?"이다. 나는 분명히 대답한다.

"가진 돈을 다 잃어도, 다시 성공할 자신이 있다."

꽤 많은 사람들이 나의 살아온 이야기를 듣고는 "그때 대표님을 만났어야 했어요." "왜 이제야 대표님을 알게 된 것일까요"라는 아쉬움이 섞인 말을 한다. 30대부터 50대 후반까지 꽤나 많은 수강생 분들이 "대표님은 일평생 사업만 한 50대 같다"고까지 말을 해줬다. 수강생 분들이 느끼기에도 기발한 방법으로 돈을 벌었던 이야기를 해주니, 당연할 것이다. 내 인생의 첫 책을 자서전 형식으로 쓰는 이유도 돈을 벌었던 내용을 어느 정도 기록으로 남기고 싶어서이기도 하다. 무엇보다 나의 이야기와 노하우를 가지고 허튼 곳에 쓰는 사람들이 없을 테니까 말이다. 입대 전, 20대 초반 억대 연봉이었던 나와, 제대 후 20대 중반에 삼사백 벌던 나의 수준은 비교할 수가 없었다. 남들이 보기에는 억대 연봉이었던 20대 초반의 내가 더 훌륭해보였을 테지만, 제대 후 20대 중반이었던 나는 인생의 확실한 목표와 분명한 자수성가의 방법을 알고 있었다. 하지만 이때 나는 머리만 커져 있었고, 사회경험은 거의 없었다.

제대를 한 나는 빈털터리가 되어 있었다. 수중에 고작 3,000만 원이 남아 있었다. 나는 맨손으로 다시 시작해도 돈을 많이 벌 자신이 있었다. 그래서 어머니께 조금 드리고, 나머지는 유흥비로 썼다. 나는 수중에 돈이 남아있지 않아야 다시 열정이 생길 줄 알았다. 무엇보다 그동안 너무 힘들게 버텨왔기 때문에 제대를 하고는 흥청망청 돈을 썼다. 가족이 아닌 다른 사람을 교육하기 시작한 것도 이때부터다. 내 노하우를 동업자에게 알려줘서 나 대신 사업을 하게 하고 나는 놀고 싶었다. 평소 지인들이 나를 '열정맨'으로 부를 만큼 열심히 살았다. 그런데 사업이 망했다. 내가 잘못한 것이 아니었다. 혹자는 내 말을 이해할 것이다. 열정을 잃은 나로서는 성장이 더디다는 것을 느꼈다. 무엇보다 겸손하지 못했다. 중간에 멈추지만 않았더라도 20대 초반에 최소 월 1억 원은 찍었을 것이라고 생각했기 때문이다. 다시 사업을 일으켜야 하는 상황에서 그런 마인드를 가지고 있었으니 나는 점차적으로 몰락하고 있었다. 그렇지만 멈출 수는 없었다. 당시의 안락함과 달콤함이 너무 좋았기 때문이다. 그래서 다시 헝그리 정신을 가지고 맨손으로 사업을 회복시키고 싶다는 마음을 항상 가졌던 것 같다.

한 달에 하루이틀만 장사를 해도 매달 삼사백은 벌어서 그런지 3,000만 원이 금방 증발하지는 않았다. 당시에 나는 창업교육을 시작하려고 했다. 이때 나는 말을 더듬었던 터라 "말을 못하는 사람도 돈을 많이 벌 수 있다"라는 것을 증명하겠다는 명분으로 20살 때 하던 지하철 기아바이를 다시 나갔다. 기아바이란 지하철 내에서 "승객 여러분들 대단히 죄송합니다……"라며 떴다방식으로 물건을 파는 사람들을 말한다. 도대체 왜 했을까 싶지만 그땐 열정이라고 생각했다. 쇼호스트 김효석 박사님의 세일즈 시범을 봤던 영향도 있다. 나는 똑같은 멘트로 귀이개를 판매했다. 말을 더듬었지만 확실히 20살 때, 길거리에서 노점할 때와는 달랐다. 원래는 교육용으로 말을 못해도 물건을 많이 팔 수 있다는 것을 보여주려고 시범삼아 나갔던 노점이었다. 시간당 버는 수익은 3만 원 정도 되었다. 20살 때 전력을 다해 팔아서 시간당 3,000~4,000원 버는 수준이었던 것을 감안한다면 장족의 발전이었다. 나의 주 고객들은 할머니와 할아버지, 중장년층 승객분들이었다. 할머님들은 나를 불쌍하게 보시면서 물건을 사주셨다. 무시도 엄청 당하긴 했지만 물건이 팔리긴 했다. 몸이 힘들진 않았는데 상품 설명을 해도 반응이 없으면 부끄러워서 빨리 자리를 뜨고 싶었다. 배부른 사람의 소꿉놀이에 가까웠다. 판매 물건은 셀카봉과 귀이개였는데, 셀카봉을 덤핑으로 300원에 받아서 5,000원에 2개를 팔았다. 양아치라고 한다면 어쩔 수가 없다. 공장이 망해서 휴지값이 된 것을 전량 매수해온 것인데 어쩌겠는가? 물건도 정상이었다. 지금 생각해봐도 5,000원에 2개면 싸다. 원래 도매가로 적어도 몇 천 원 이상은 받는 것인데, 셀카봉 수천 개를 거의 공짜로 가져왔던 셈이다. 귀이개도 불이 들어오는 것을 팔았다. 물건을 구할 루트를 모르거나 여건이 되지 않는다면 나를 찾아와도 좋다. 진짜 아무런 노하우 없어도 해볼 만하다. 아르바이트보다는 말이다. 하지만 인생낭비임에는 틀림이 없다.

나는 기아바이를 나가면서 사업이 쫄딱 망하고 취직이 안 되어도 밥은 먹고 살 수 있겠다는 생각이 들었다. 나는 10번 이상 지하철 기아바이를 나갔는데, 깡패를 만나거나 역무원에게 잡힌 적은 없었다. 간혹 역무원에게 잡혀가는 기아바이를 본 적은 있다. 나는 지하철 기아바이를 나가면서 겨우 셀카봉 100개 정도를 팔았다. 하지만 기존에 내가 터득한 장사방법으로 3일도 안 되어서 수천 개가 넘는 물건들을 한꺼번에 팔았다. 되돌아보면 참 시간낭비였다. 여러분들이 만약 부자가 되고 싶다면 이러한 것으로 시간당 10만 원을 벌 수 있다고 한들, 하지 마시라고 말씀드리고 싶다. 이러한 노점 형태는 순간적으로 돈을 많이 만질 수는 있더라도 결국 푼돈이며, 내가 일을 멈추는 순간 수입도 멈추게 되어 있다. 무엇보다 내 책을 읽고 이 쓸데 없는 지하철 기아바이를 나가지 않기를 바란다.

당시 나는 이러한 경쟁을 하지 않기 위한 노하우를 동업자들에게 교육하려고 했다. 그들이 부자가 되어야 나 또한 수익이 커질 테니 말이다. 동업자 교육과정은 교육비를 내고, 1년간 수익의 30%를 나누어야 한다는 조건이었다. 내가 10년 넘게 장사공부를 하고 수억 원의 교육비를 들여서 얻은 노하우, 스스로 터득한 노하우를 전수하는 것치고는 매우 후한 조건이라고 생각했다. 요즘은 내 사업에 전념하느라 공식적인 창업교육을 하고 있지는 않지만, 열심히 할 사람들이 모인다면 다시 시작할 생각도 있다. 교육을 한다는 자체가 나에게 있어서 손해인 것도 있기 때문에 아무에게나 동업자 교육과정을 허가해주지 않을 것이다. 무엇보다 교육을 시작하게 되면 나도 어느정도 책임감을 느끼기 때문에 아무나 받을 수가 없다. 교육비만 생각한다면 안 하는 것이 맞다. 얼마 안 되는 교육비를 받아서 교육해주는 시간에 차라리 내 장사를 하면 교육비보다 최소 수십 배 이상 벌기 때문이다. 하지만 나는 사업을 키우고 싶다. 끝까지 의리를 지키는 사람이라면 누구든지 좋다. 동업하고 싶다. 내가 과거에 교육을 멈췄던 이유는 감사할 줄도 모르는 사람들이 적지않아서였다. 언제 배신할지 모르는 사람들이라면 나 혼자 사업을 하는 것이 훨씬 낫다.

공짜만 바라는 거지근성을 버려야 한다. 돈이 없다고 나를 찾아온 청년이 있었는데, 멀리 지방에서 왔다고 해서 수십만 원짜리 점심식사를 무료로 해줬다. 하지만 그 청년은 나에게 감사인사조차 하지 않았다. 정보를 알려달라고 하면서 감사할 줄을 모르니, 가르쳐봐야 뭘 하겠나 싶었다. 수강생과 가족에게 한방에 2,000만 원을 거저 얻게 해준 적이 있다. 그런 방법들이 있어도 그 청년에게는 알려주지 않았다. 고마움도 모르는 사람들에게는 알려주기가 싫다. 기본이 안 되어 있기 때문이다. 그 청년이 미운 것은 아니지만 사실 창업교육을 하면서 감사함조차 느끼지 못하는 사람들을 보면서 내 직업에 대한 회의

감이 들었던 때였다. 그러나 감사할 줄 알고, 인성이 바르고 열정적인 사람이라면 나도 얼마든지 돕고 싶다.

부자가 되는 가장 쉬운 방법이 무엇인지 아는가? 부자들만의 습관과 이미 검증된 부자들의 방법을 그대로 '모방'하는 것이다. 당신도 부자가 되기를 꿈꾸는가? 필자는 '1천 명의 자수성가 부자 양성하기'와 '세계 초일류 기업 세우기'의 비전을 품고 '자수성가 공부방(이하 자공방)'을 열정적으로 운영 중이다. 네이버에서 '자수성가 공부방'을 검색하면 '자수성가 공부방' 홈페이지와 카페가 나온다. 누구라도 부모 도움 없이 맨손 혹은 최소한의 자본으로 밑바닥 인생에서 안정적으로 자수성가를 할 수 있는 확실한 방법을 안내해 주고 있다. '자수성가 공부방'은 소자본으로도 안정적으로 자수성가 할 수 있도록 최고의 창업전략과 전술을 가르치고 공유하는 전 세계 유일무이한 세계 최고의 창업사관학교라고 자신할 수 있다. 월급만으로는 절대 부자가 될 수 없다. 직장인들도 퇴근 후, 하루 3시간 재택창업으로 성공해 돈과 시간의 자유를 만끽하며 멋진 퇴사를 준비할 수 있다.

사업 경험이 전혀 없는 평범한 주부가 창업해서 0원 계좌로 단 5개월 만에 월 1천만 원 수입을 달성하는 생생한 전 과정을 유튜브, 홈페이지에 공개했다. 현재는 그 이상의 수입을 올리는 창업 성공 사례자들도 다수 배출하고 인증하며, 매일 기적이 일어나는 곳이다. 특히

'자수성가 공부방'에서는 창업 13년 경력자인 저자가 연구개발한 '자동화 쇼핑몰'에 대한 퇴근 후 부업과 창업 시스템에 대한 정보도 얻을 수 있다. "왕초보도 딱 하루 만에 쇼핑몰 창업할 수 있는 3단계"와 "클릭 몇 번으로 '쇼핑몰 상품 업로드 자동화' 하는 법" 등 쇼핑몰은 물론 다양한 부업, 재택창업 아이템에 대한 다른 곳에서는 얻기 힘든 고급 정보는 물론 전업으로 '지사창업'을 원하는 사람들까지도 도움을 받을 수 있다.

아무런 경험과 전략 없이 도전하는 사람과 철저한 전략과 계획으로 도전하는 사람의 결과는 하늘과 땅처럼 차이가 날 수밖에 없다. 누구라도 맨손으로 안정적으로 자수성가 하기를 진심으로 갈망하는 사람은 카카오톡 채널 검색창에서 '자수성가 공부방'을 검색해 채널을 친구 추가하고, 1:1 메시지로 '책을 읽었습니다. 자수성가 부자가 되고 싶어요.'라고 남기고 네이버에서 '자수성가 공부방' 홈페이지와 카페를 검색하면 부자 되는 방법과 재택창업 시스템에 대한 매우 유익한 정보와 꿀팁을 무료로 얻을 수 있고, 가장 빠른 자수성가 방법을 안내받을 수 있다.

사기꾼들의 소굴,
헬조선에서 절대 조심해야 할 것들

먼저 나는 애국자임을 밝힌다. 한때 원망도 많이 했지만 나라가 있기 때문에 가족과 내가 안전할 수 있다. 한국은 지금 감기에 걸린 애인과도 같다. 감기에 걸렸을 뿐이지 내가 지켜야 할 대상이다. 그 어떤 정신나간 사람이 감기가 옮을 것을 걱정하고 사랑하는 사람을 버리겠는가? 병만 치료하면 된다. 나는 정치계에 입문할 생각이 전혀 없다. 그저 나와 내 사랑하는 사람들, 그리고 선한 사람들의 안녕만을 바랄 뿐이다. 지금도 많은 청년들이 "헬조선, 헬조선" 하면서 한탄하는데, 공감한다. 나도 그런 청년 중 한 명이었다. 특히 한국의 영업판은 사기꾼들의 소굴이다. 오죽하면 내가 사람을 만나지 않고 있었을까. 수천만 원짜리 교육을 듣는 중에, 동기들이 다가와도 나는 경계를 많이 했다. 한때는 사업을 하지 말까도 생각했다. 정말 사기꾼들만 처리해도 대한민국 경제가 매우 좋아질 것이다. 관련 법 처벌 수준을 외국처럼 수십, 수백 년씩은 때려야 한다. 나라의 역군들을 방해하는 '거지'들만 사라져도 돈벌기가 참 좋은 세상인데 항상 그게 안타깝다.

나는 책 한 권 분량으로 설명할 수 있을 정도의 사기를 당했다. 내가 지혜롭지 않아서였다기보다 현재 사업판이 이렇다. 1,000억 원의 재산을 가진 할아버지가 사기꾼에게 돈을 받지 못했다면서 나에게 하소연하신 적이 있다. 할아버지는 책 5권 분량의 고소장을 보여주셨다. 변호사 뺨치는 법 전문가이신데, 고소를 해서 이겨도 돈을 못 받고 계시다고 했다. 사기꾼에게 돈이 없기 때문이다. 그렇다고 할아버지가 덜 떨어진 사람은 전혀 아니다. 오히려 보통 사람들보다 뛰어나다. 나이 70세에 1,000억 원의 자산이 있는 사람이 몇이나 될까.

노력해보지도 않는 사람들은 노력한 사람을 욕할 자격이 없다. 사업하다가 사기당한 사람이 있다 쳐도 가족에게 얹혀사는 사람이 피해자를 멍청하다고 할 수 있을까? 어이가 없는 것이다. 앞에 이야기한 할아버지는 내 스승님 중 한 분이시다. 법을 이 분께 배웠는데 이렇게 법적으로 해박하신 분도 돈을 떼인다. 국내 사회의 상황을 병으로 비유하자면, 감기보다 괴사에 가깝다. 잘라내야 할 것은 빨리 잘라내야 한다. 범죄자에 대한 인권을 지킨다는 명분과 약한 처벌로 죄 없는 사람들이 죽어가고 있다. 어디서부터 잘못되었을까. 사람들은 왜 돈밖에 모를까.

세상을 마냥 아름답게만 봤던 나에게 사회는 상처가 되었다. 내가 남들보다 상처가 많은 것은 현명하지 못해서가 아니라 남들보다 더 많이 도전했기 때문이다. 아픈 만큼 성장했던 것도 사실이다. 나는 내가 먼저 겪어봤기 때문에 내 사람들에게만큼은 덜 아프도록 조언해줄 수 있다. 나는 월 수익 1,000만 원이 넘어갈 때쯤 더욱 성장하기 위해서 불특정 다수의 사업자들을 만났다. 결과적으로는 도움이 전혀 되지 않았다. 능력으로는 월 300만 원도 못 버는 사람들이 본인은 사업자라면서 남의 등을 쳐먹을 틈을 노리고 있다. 그들에게는 친구도 동생도 없다. 누군가 말했다. "세상에 돈많은 군인(제대한 지 얼마되지 않아 사회경험이 없는 사람)이 사기꾼들의 제1 타깃이다"라고 말이다. 사실이다. 나는 수중에 몇 천만 원이 있었는데, 사기를 당했다. 한국은 사회악에 대한 처벌이 강화될 필요가 있다. 실제 피해본 금액은 몇 백만 원 정도였지만, 그 사기꾼 때문에 내 귀한 2년이 날아갔다. 다시는 과거의 실수를 되풀이하지 않을 것이다. 법은 의로운 사람의 편을 들어주기보다 법을 아는 사람의 편을 들어준다.

동업자의 회사에 개인정보보호법을 들먹이면서 협박을 해온 사람이 있었다. 동업자는 법을 지키면서 정당한 절차에 따라 사업을 진행해왔는데, 증거가 있었기 때문에 잘 지나갈 수 있었다. 개인정보보호법 위반은 형사처분 대상이기 때문에 이러한 점을 악용해서 아무 데나 찔러보는 사람이 있다. 영세 업체를 대상으로 찔러보다 보면 합의금을 뜯어낼 수 있기 때문이다. 일종의 파파라치 같은 이들인데 곱게 죽을 사람들은 아닌 것 같다.

나는 본디 내성적이고 남에게 싫은 말을 잘하지 못하는 사람이었다. 하지만 이제는 그들에게 당당하다.(걸리면 박살을 낸다) 나는 적어도 돈 때문에 양심을 팔지는 않기 때문이다. 나는 억울한 일이 있을 때마다 다짐했다. '나 혼자 충분히 잘 해왔고, 돈도 혼자서 잘 벌 수 있다. 평생 취업이 되지 않아도 괜찮다. 평생 거래할 업체가 없어도 괜찮다. 평생 친구가 없어도 괜찮다. 아무리 배가 고파도 자존심은 버리지 말자.' 세상이 나를 버리든, 버리지 않든 나는 언제든지 세상을 버릴 수 있다.(죽는다는 말이 아니다) 능력있는 자만의 특권이다. 이런 의미로 내 책에서도 불만을 감추지 않는 것이다. 돈이야 벌면 된다. 그러나 양심과 신념은 조금이라도 금이 가기 시작하면 결국에는 깨지기 마련이다. 나는 교육을 하면서 자연스럽게 많은 청년들을 만나게 되었다. 그중에서 불법 다단계를 하는 청년들이 꽤나 많이 접근해왔다. 돈 버는 방법을 알려달라고 하면서도 나에게 불법 다단계를 하자고 권유했다. 무슨 논리일까. 안타까울 따름이다. 나쁜 의도를 가지고 나를 속이는 행동은 용납할 수가 없다. 이후 그 청년들과 나의 인연은 끝이 났다. 제대 후, 2~3년 동안은 미칠듯한 분노로 시간을 허비했다. 수년간 군 복무를 충실히 하고 사회에 나왔지만 법은 나를 완전히 지켜주지 못했다. 내가 스스로 나를 지키지 않았다면 상황이 어찌 되었을지 암담하다. 이런 사회에 상처를 받아서 사업을 다 정리했던 적도 있다.

나는 성경공부 채팅방을 운영한 적이 있다. 믿는 사람들과 교류를 하면 나도 믿음이 생길 줄 알았기 때문이다. 채팅방을 직접 운영하더라도 상황은 별반 다르지 않았다. 이상한 사람들과 구걸하는 사람들이 너무 많았다. 구걸하는 사람들에게는 "배고프면 벼룩시장이나 구인구직 사이트에 가서 아르바이트를 구하면 될 것 아닙니까? 알바 자리가 얼마나 많은데"라고 말하면서 내보냈다. 정말 힘든 것이 맞다면 도와줄 수도 있었겠지만 의도가 보여서 기분이 좋지 않았다. 이런 거지들 때문에 정말 도움이 필요한 사람들이 도움을 받지 못한다. 짜증이 날 정도다. 방치도 죄라는 것을 기억하자.

본인을 선교사라고 소개하던 중년의 남성이 있었다. 당시 필리핀에 거주하고 있다고 사진을 보내왔고, 자식들이 굶고 있어서 아내가 길거리에서 몸을 팔고 있다고 했다. 이렇게 살 바에는 다같이 죽으려는 계획이라고 말했다. 나는 "아니 남자가 되어서 애들이 굶고 있다면 노가다라도 해서 먹여 살리면 되지, 왜 그러시냐"고 했다. 본인은 사기를 당해서 빈털터리로 집에서 쫓겨났고, 비자 갱신을 못해서 불법체류자가 되었다고 한다. 떠돌아다니다가 이제는 한국으로 돌아올 수 없는 지경에 이르렀다는 등의 말을 했다. 당시 사기꾼들에게 많이 데였던 나로서는 확실하지도 않은데 도와줄 수가 없다고 했다. 그러면서도 정말일지 모른다는 생각에 국내에 있는 기부단체 수십 군데에 전화를 걸었지만 모두 도와줄 수 없다고 했다. 그분이 계속 자살할 거라고 하기에 한참을 고민했다. 내 스승님에게도 "이런 사람이 있는데 어떻게 할까요?"라고 물었다. "기왕 도와주고 싶으면 도와주라"고 하셨다. 당시에 나는 돈을 벌지 않고 있던 터라 여유가 많이 없었지만 '50만 원 정도야 그냥 벌면 되지' 하면서 도와줬다. 사실 나는 그 사람의 말을 듣고 도와준 것이 아니었다. 정확히는 가난한 거지를 통해 하나님께 드린 돈이었다. 돈을 받고도 그 선교사는 계속 말을 바꾸면서 돈을 더 달라고 했다. "내가 돈 버는 법을 조금 알려줄 테니 외국에서 그것으로 먹고 살라"고 했더니 본인 상황 알면서 그런 말이 나오느냐고 나에게 따졌다. 그때 느꼈다. 당했구나.

그 선교사에게 "하나님께서 정말 살아계시는지 어떻게 아시나요?"

라고 물었던 적이 있다. 그 선교사는 내가 더 많은 돈을 주지 않으니까 화를 내면서 "전에 하나님이 살아계시느냐고 물었죠? 하나님은 없습니다"라고 말했다. 그러면서 곧 자살할 것인데 유서의 맨 위에 내 이름 석 자를 넣어주겠다고 협박했다. 하지만 나는 고마웠다. 겨우 푼돈 50만 원을 받고 나를 홍보해준다고 하니 말이다. 목숨이라는 엄청난 비용을 가지고 홍보해준다고 하니 내심 좋았다. 이 정도로 나에게 헌신할 각오가 되어 있는 사람이라면 50만 원이 아니라 월 1,000만 원을 주더라도 쓰고 싶다. 나름대로 성공해보겠다고 노력은 하는데 머리가 좋지 않아서 불쌍한 인생을 사는 사람이다. 그 사람은 아직도 가족을 팔아먹으면서 살고 있다. 목숨을 바쳐서 나를 홍보해주겠다던 약속을 지키지도 않고 아주 잘 살고 있다.

지금까지 당했던 사기를 이 책에 남길까 사실 고민이 많았다. 약한 부분을 드러내면 분명히 나에게는 독이다. 하지만 여러분은 이 쓰레기 같은 세상에 덜 데이게 하고자 있는 그대로를 담았다. 인생을 바르게 사는 것도 중요하지만, '알아야' 자신을 지킬 수 있다는 것을 알려주고 싶다.

정신병자 사장님, 아프니까 사장이다

나를 만나고 싶어 하는 사람들이 꽤 많았다. 그럴 때마다 나는 바쁘다고 둘러대면서 거절하곤 했다. 실제로 시간이 없었다. 그리고 그때는 대인기피증 같은 것이 있었다. 그러면서 또 혼자라는 생각에 외로워서 남몰래 울기도 했다. 공허함도 느껴본 사람만이 공감할 수 있을 것이다. 나는 스승님들께 감정을 다스리는 법이나 신앙상담으로 자주 도움을 요청했다. 업계 최고라는 분들에게 노하우는 묻지 않고 이런 이상한 질문을 하고는 했다. 물론 이제는 그러지 않는다.

나는 사업을 하면서 분노를 조절하는 것이 많이 힘들었다. 돈이 무엇이기에 나를 이토록 괴롭게 하는지 억울했다. 나를 아는 사람들은 이런 나에게 남자답지 못하다고 욕을 하지 않는다. 내가 어린 시절부터 열심히 살아왔다는 것을 잘 알기 때문이다. 레드오션이었던 시장을 오로지 실력만으로 거의 독점하다시피 해본 경험이 있기 때문에 나는 자부심도 강하다. 지금도 그렇다.

학창시절에 나는 자존감이 바닥인 열등생이었다. 좋아하던 여학생이 나를 좋아한다고 해도 다가가지 못했다. 동기들에게조차 쑥쓰러워서 커튼으로 나를 가리고 있기도 했다. 힘들어서 학교 식당도 가지 못하던 나였다. 이런 내가 이제는 강연도 하고 회사를 이끄는 리더가 되었다.

모두가 아니라고 할 때, 나는 혼자서라도 옳다고 한다. 사람은 얼마든지 변할 수 있는 존재다. 물론 자신감과 노력에 의해서 가능하다. 나 또한 그랬듯이 여러분도 현재의 모습이 마음에 들지 않는다면 과감하게 자리를 박차고 나와라. 세상에는 있을 곳이 많다. 세상이 여러분을 받아주지 않는다면 여러분이 조직을 꾸리면 된다. 나는 고집이 강한 편인데, 내가 문제가 있는 것을 나 스스로도 잘 알고 있었다. 성공에는 기회비용이 따른다. 나는 그 문제들을 해결하기 위해서 상당히 많은 기회비용을 지불해야 했다.

나는 열정을 얻은 대신 내 몸에 흉터가 많이 생겼다. 깨진 유리병에 박혔던 흉터도 있고, 칼에 찔린 흉터도 있다. 이 흉터들을 볼 때마다 나는 분노하기도 했다. 누가 아무런 말도 하지 않았는데 벽을 치고 소리를 질렀다. 주먹이 깨지고 발이 깨져서 피가 흥건해지도록 때렸다. 나를 이렇게 만든 것은 일부 사람이지만 결과적으로 내가 제대로 된 교육을 받지 못하고 가난했던 이유가 더 컸다. 그래서 학창시절 선생님들과 부모님을 원망하기도 했다. 하지만 부모님도 제대로 된 교육을 받지 못하셨다. 지옥 같던 세상에서도 나를 항상 사랑해주셨으니 그것으로 나는 많은 은혜를 입은 것이다.

나는 어린 학생들과 학부모들을 교육하기도 하는데, 학부모들은 어떻게 해야 나처럼 잘 성장할 수 있느냐고 종종 물어본다. 내가 잘 된 것은 어머니의 사랑이었다. 나는 어머니가 나를 사랑한다는 것을 누구보다 잘 알고 있다. 가끔 내가 '과거로 돌아가 나를 만날 수 있는 기회가 있다면 얼마나 좋을까'라는 생각도 했었다. 적어도 고통 속에 살지 않도록 해줄 수 있을 텐데, 예전에는 너무 힘들었다. 가족들이 걱정할까봐 화가 나는 것을 숨겼다. 터질듯한 분노를 삭혀주어야 하는데 억눌러야만 했다. 내 마음의 병을 치료해보려고 부단히 노력했다. 약을 먹고 최면을 걸고 상담을 받았다. 이런 치료도 내가 돈을 벌고 나서야 받을 수 있었다. 마음의 상태가 심각할 때 사람들이 많은 지하철 안에서 비명을 지를 때도 있었다. 누가 뭐라고 한 것도 아닌데 갑자기 화가 나서 소리를 지르면 주변 사람들이 괴물처럼 나를 본다. 역무원이 출동한 적도 있다. 어느 정도로 미쳐야 가능할까? 여러분은 얼마나 억울한 일이 생겨야 가능할까? 수억 원을 사기당해야 이런 행동이 가능할까? 민폐도 민폐지만 정상적으로는 그럴 수가 없을 것이다.

나는 마음에도 문둥병이 있다는 것을 안다. 내가 그랬다. 나를 잡으러 경찰이 오기도 했다. 지낼 고시원이 있다고 해도 노숙자와 다를 것이 없었다. 소리를 지르고 손과 발은 뼈가 부러지고 피가 흥건했다. 거의 매일 술로 기억을 지우려고 했다. 세상에 복수하고 싶었다. 누구보다 성공해서 말이다. 그래서 남들보다 열심히 일하고 공부했다. 나를 전혀 모르는 사람들이 나를 괴물처럼 보는 것이 싫었다. 특히 사람들을 많이 경계했다. 내가 가진 노하우만을 얻고 싶어서 다가오는 사람이 적지않았기 때문이다. 하지만 피해의식에 빠져서 나에게 좋은 의도로 잘해주는 분들도 멀리하는 실수를 하기도 했다. 요즘에서야 사과를 하고 연락을 받는다. '나는 세상에 남아서 해야 할 일들이 남아있기 때문에 생을 끊지 않을 것이다. 나를 괴물처럼 보는 사람들은 나를 알지 못한다'라고 되뇌이곤 했다. 누구도 가지 않았던 길을 가기 때문에 힘든 것이라고 생각했다. 내 인생은 내가 가장 잘 알고 있다고 생각해서 나 스스로 조언을 했다.

내 인생의 첫 사회생활은 20살 때 시작되었는데 남들은 학창시절에 알게 되는 인간관계를 나는 20살 때부터 익혀야만 했다. 학창시절에 배워서 몇 천 원만 날리면 되는 문제를 사회에 나와서 몇 백만 원, 몇 천만 원을 날리면서 깨닫게 되었다. 사람을 믿으면 안 된다는 것도 말이다.

내가 제대를 하자마자 축하한다며 5만 원짜리 상품권을 보내준 사람이 있었다. 사업자였는데 그도 사기꾼이었다. 내 능력 부족은 아니었지만 사업이 한 번 휘청거리면서 사람은 절대 변하지 않는다는 것을 알게 되는 계기가 되었다. 얻어먹을 것이 없으니 돌변하는 사람들이 많았다. 사랑하는 사람에게 미안했던 기억이 떠오르거나 나쁜 사람들이 생각나면 갑자기 소리를 지르고 집을 부수기도 했다. 누나가 내 집에 얹혀살 때는 그런 모습을 보여줄 수가 없어서 화를 억누르는 게 너무 힘들었다. 분노를 표출하는 게 잦아지자 누나는 미안해서인지 따로 살겠다고 했다. 어느 날 누나가 나에게 통장 비밀번호를 알려줬다. 누나에게 무슨 일이 생기면 쓰라고 말이다. 내가 이성을 잃어서 누나를 해할까봐 하는 말이었을 것이다. 마음의 병이 생기면 자기 자신이 가장 힘들 것 같지만 실은 그것을 보는 가족은 더 힘들다. 나는 이러한 사실을 알아서 혼자 살고 싶었다. '나는 잘못한 것이 없는데 왜 나를 괴롭게 할까?', '나를 괴롭게 하는 사람이 누구인가?'에 대해 생각하면서 화를 내기도 했다. 이 시절, 나에게 세상은 억울하게 손발을 묶어놓고 악당들의 편을 들어주는 지옥일 뿐이었다. 나에게는 그런 세상이었다. '내가 누구를 원망해야 하나?' 누구를 원망해야 할지도 몰랐다. 나는 화를 풀기 위해서 한동안 방황했다. 돈도 나름 펑펑 쓰고 다녔다. '돈은 참 벌기 쉽다'라고 생각하던 시절이었다. 나로서는 물려받을 재산이 없다는 것에 아쉬움보다는 바른 조언을 해줄 수 있는 사람이 없었다는 것에 분노했다. 썩어버린 사회에서 적어도 덜 상처받는 방법을 알려줄 수 있는 사람이 없었다.

나는 20살 이전의 나를 지워버리기 위해서 이름까지 개명했다. 성공할 수밖에 없도록 내 인생을 준비했다. 내가 잘 될 수밖에 없다는 것을 알지만 마음의 병을 치료하는 과정은 정말 힘들었다. 사실 이렇게 아플 때도 나를 만나고 싶어하는 사람들이 많았다. 나는 그들이 나를 어떻게 보든 상관이 없었다. 진지하게 '삶을 포기할까'라고 생각하기도 했다. '사기꾼들을 찾아가서 찌르고 삶을 포기할까'라는 생각 말이다. 돌아보면 나의 인생을 누군가가 이끌어주는 것 같다.

누군지 알 수 없는 목소리를 들었다. 그 목소리는 죽고 싶다는 나에게 사명을 일깨워 주었다. 나는 세상에 남아서 해야 할 일이 있다. 그 목표가 아니었다면 이미 나는 이 세상 사람이 아니었을 것이다.

02

간절하게 꿈꾸면
500% 이루어지는
비밀

월 1억의 돈을
벌어야 하는 이유

　제대를 하면서 나는 사기꾼에게 작업을 당하고 있었다. 돈이 많은 군인은 가장 사기 치기 좋은 타깃이라고 한다. 1년 가까이 작업을 당했던 것 같다. 세상에 공짜는 없다. 가족도 아닌데 시간을 들여가면서 지속적으로 도와만 주려는 사람은 뒤에서 장난을 칠 가능성이 매우 높다. 나는 이러한 일을 다시 당할 일이 없겠지만 여러분에게 알려주고 싶다. 그래도 나의 독자니까. 많은 창업 관련 서적에서는 사업 노하우를 다루고 있지만, 내 책처럼 사기꾼 관련 이야기가 많은 책도 드물 것이다. 알려주고 싶었다. 이 사회를 무엇으로 표현할까. 참 답이 없기도 하다. 뉴스만 봐도 얼마나 웃긴 일들이 많이 일어나나 생각해보자. 한국은 사기꾼들만 없어도 참 사업하기 좋은 나라다. 돈벌거리도 많다.

　나는 어린 나이에 비해 고소득자이다 보니 많은 사람들이 사업적으로 다가왔다. 그중에는 사기꾼들이 많이 섞여 있었다. 25살 이전에 당한 사기만 해도 최소 수십 건 이상이었다.(물론 20대 중반부터 사기 치려고 다가왔던 사람들은 거의 박살이 났다. 얼마든지 환영이다) 몰라서 데인 것도 있지만 일부러 '어떻게 하나 보자'라면서 의리 테스트를 한 것도 많다. 어린 나이부터 사업하면서 사람은 변하지 않는다는 불변의 진리를 깨달았다. 지금도 내 전화번호부에 있는 지인의 숫자가 거래처와 수강생을 제외하고는 100명 정도밖에 되지 않는다. '많은 거 아냐?'라고 하겠지만 몇 년간 장사한 사람치고 적은 편이다. 대인기피증이라고 할 수도 있겠다. 하지만 여기까지 읽은 독자라면 내가 왜 이러는지 이유를 잘 알 것이다. 20대 초반에 일할 시간도 적은데 오로지 실력만으로 억대 연봉을 찍었다. 당시에는 지금 월 수억 원, 수십억 원 버는 사람들과 비교해도 소득이 거의 비슷하거나 높았다. 그랬던 청년이 손발 묶인 채 억울하게 사기꾼들에게 두드려 맞으면서 3~4년이라는 시간을 허무하게 보냈다. 재기하기까지도 꽤나 오랜 시간이 걸렸다. 정말 원망이라는 것이 내 생활이었다. 안 그래도 화를 참지 못하는 성격이었는데 칼까지 여러 번 잡았다. 나를 극단적인 상황까지 가지 않게 하신 하나님께 감사하다. 하나님께서는 나에게 지혜를 허락해주셨다. 이 지혜를 나쁜 용도로 쓰지 않게 하셔서 감사하다. 당시에는 신앙이 그렇게 깊지 않았었는데 나쁜 생각이 들 때마다 하나님이 떠올랐는지 생각할수록 감사하다.

    나는 사람을 많이 경계하는 편이다. 특히 또래 남성들에게는 매우 심하다. 웬만큼 믿을 사람이 아니라면 마음을 잘 열지 않는다. 남성이고 여성이고 다를 바가 없을텐데, 왜 그럴까? 좋아하는 사람이 생기면 좋아하는 사람을 닮은 사람에게도 호감이 생기고, 싫어하는 사람이 있으면 그 닮은 사람까지도 멀리하게 되는 것과 같다고 본다. 나도 남자이긴 하지만 얍삽한 남자들이 정말 많다. 물론 남자답고 좋은 사람도 많다.

    나는 20살 때부터 사회생활을 했는데 대부분 장사를 하며 지냈고, 자연스럽게 돈과 관련된 사람들을 만났다. 예전부터 나를 만나고 싶은 사람들이 있어도 특별한 경우가 아니라면 대부분 거절했다. 나를 만날 수 있다는 것 자체가 상대에게는 매우 큰 특혜였다. 하지만 나는 시간이 없었다. 빨리 내가 바라는 목표를 이루어야 하는데 나의 목표는 매우 컸다. 그래서 친구를 만날 시간도 없었고, 쉴새 없이 꿈만 좇았다. 그래도 오랜 시간 공부를 하고 일을 하다보니 노하우가 생겼다. '나는 무엇이든지 할 수 있다'라는 확신을 갖고 있다. 병원 수십 군데에서 원인조차 알 수 없었던 병까지도 스스로 치료했다. 마음의 불치병을 치료할 수 있는 방법도 안다.

군대를 제대하고 나는 사회에 너무 많이 두들겨 맞았다. 법적으로 보호를 받을 수 있는 조건도 아니었다. 사기를 당한 후, 나는 모든 사업을 접었다. 미친 짓이었다. 놀아도 돈을 벌 수 있는 것을 접다니. 그만큼 힘들었다. 얼마 후, 예전에 성공학 관련 교육을 받다가 만났던 형님의 소식이 들려왔다. 교육받기 전 당시 나와 비슷한 수준의 소득이었던 동기 형님이 월 2억 원의 수익을 올린다는 소식이었다. 당시만해도 오히려 꾸준한 소득을 갖고 있던 나를 부러워하던 형님이 그렇게 성장하다니 놀라웠다. 그러면서도 그동안의 공백이 느껴져서 화가 났다. '나도 몇 년 쉬지만 않았더라면 충분히 그 형님과 같을 텐데……'

그 형님한테서 전화가 왔다. 전화를 받으니 "승주, 니 요즘 뭐하고 지내노?"라고 물으셨다. 나는 "형님, 요즘 별풍선이라고 풍선 장사 시작했는데, 아유~ 이거 보통이 아닙니다"라고 답했다. 형님은 별다른 질문도 하지 않으셨는데, 나는 "한 달 동안 5만 원 정도 번 것 같아요"라고 말했다. 한편으로는 예전의 내가 돈을 잘 벌어서 잘해줬던 것은 아닌지 시험하는 버릇 때문에 소득을 밝힌 부분도 있었다. 형님께서는 내 생각을 아시는지 "승주야, 니는 월 1,000만 원을 벌어도 내 동생이고 월 10원을 벌어도 내 동생이다"라고 하셨다. 형님께 죄송스러우면서도 감동을 받았다. 그러면서 형님이 "승주야, 다시 시작해라. 니 그 비싼 교육들 들으면서 열심히 한 거 아는데 안 아깝나"라고 하셨는데, 나는 "형님, 상처를 많이 받아서 다시 장사하기가 그렇습니다. 그리고 지금 장사해도 월 천 정도는 금방 다시 회복하기 때문에 언제든 다시 시작하면 됩니다"라고 말했다. 형님은 "승주야, 나는 예전에 내가 천재인 줄 알았는데 아니더라, 니 월 1억 벌어봤나? 잔말 말고, 지금 다시 시작해라"라고 말했다. 형님과 나는 그렇게 한동안 대화를 하다가 전화를 끊었다. 형님과 통화한 후 생각이 많아졌다. 다시는 장사를 하지 않으려고 했는데, 형님 말이 틀린 게 없었기 때문이었다. 월 1,000만 원, 예전에야 고소득이었지 지금은 자랑하기도 부끄러운 소득이다. 무엇보다 당시 월 1억 원을 벌어본 적도 없던 내가 나 자신을 고수인 듯 착각하며 있었다는 것이 찔렸다.

나를 돌아보니 나는 왕년에 잘 나가던 사람일 뿐이었다. 형님의 말씀에 나는 다시 장사를 시작하기로 했다. 형님과 나는 나이 차가 꽤 많이 난다. 그래서인지 아들처럼 많이 챙겨주셨는데 지금 생각해도 감사하다. 곧바로 내 휴대폰에 있는 전화번호부를 봤다. 얼마 전, 사기를 당하고 인간관계를 정리하고 싶어서 저장된 사람이 몇 명 없었다. 번호까지 변경했기 때문이다. 컨설팅비까지 내겠다며 나를 만나고 싶다고 찾아오는 사람들까지도 믿음이 가지 않는다고 거부하던 시절이었다. 나는 곧바로 사업계획을 짜기 시작했다. 사실 사업 아이템이나 노하우는 정말 많았다. 당시에도 돈 되는 방법들을 많이 알고 있었던 것 같다. 실현되지 못한 노하우가 많았다뿐이지 기발했다. 스승님들도 나의 노하우를 인정해주셨을 정도다.

카카오톡 기프티콘 시스템을 맨 처음 상업적으로 이용했던 사람도 나였다. 어떤 사기꾼은 나에게 돈을 빼먹고 도망가기만 하면 되는데, 나의 노하우가 탐나서 해킹하려다가 호되게 당한 적이 있다. 사기꾼들은 발악을 해도 실력이 다 고만고만하다. 능력이 없기 때문에 남을 속이며 살 수밖에 없는 것이다. 그 똥파리들은 나를 떠나자마자 나로 인해서 영업적 이득을 보던 것들이 사라졌다. 아무튼 이런 사례가 있을 만큼 사업적 노하우만큼은 자신이 있었다. 다만 오랜기간 휴식으로 인해서 나는 머리만 커져 있었다. 혼자서 한 가지도 아니고 수백 가지 이상의 사업을 진행하기란 불가능했다. 사실 처음에는 나 혼자서 다 해보려고 했다. 내가 생각하기에 나의 역량은 일당 백 이상이라고 생각했기 때문이다. 실제로 수십 가지의 사업을 동시에 진행하면서 손해는 나지 않았지만 성장속도가 매우 더뎠다. 더욱이 내가 성공학 관련 교육들을 받으면서 알게 된 지인들은 5만 원 벌던 사람이 월 1,000만 원 찍었다고 하고, 월 100만 원도 못 벌던 사람이 월 3,000만 원 찍었다고 하는 소식을 듣고 기가 찼다. 나는 제대하고 삽질만 하고 있는데 말이다. 다시 장사를 시작한 지 두 달도 안 되어서 들었던 소식이지만 마음이 급해졌다. 그동안 피나는 노력을 한 나로서는 충격이었다. 나도 나름 유망주였었는데 다른 분들이 더 빠르게 치고 나갔다. 이때부터 나 자신을 되돌아보기 시작했다. '지금 봐도 나의 역량이 남들보다 훨씬 앞서는 것 같은데 왜 그들이 나보다 더 빠른 성장을 하는 것일까?'

사실 나는 사람들을 많이 경계했다. 그래서 교육을 하더라도 가족에게만 했다. 특별한 경우를 제외하고는 거의 가족에게만 교육을 했는데 내가 고생해서 얻은 노하우를 남들에게 알려주기가 싫었던 것이다. 교육을 하더라도 일시적인 방법만을 가르쳤다. 그것이 문제였다. 나만의 노하우가 노출되는 것이 두려워서 직원에게도 알려주지 않고, 모든 일을 내가 직접 하려고 했던 것이다. 나는 이때부터 생각이 바뀌기 시작했다. 어차피 남아도는 사업 아이템과 노하우, 또 생길 것인데 그냥 흘려보내는 것보다 내 사람들을 키워서 한번 제대로 해보자. 이때부터 나는 리더가 되었다.

누구라도 간절히 자수성가 성공을 갈망하며, 항상 '감사'할 줄 아는 아름다운 덕을 갖춘 사람들에게는 자수성가 성공비결의 문을 활짝

열어놓았다. 당신도 간절히 자수성가 부자가 되기를 꿈꾸는가? 내가 운영하는 '자수성가 공부방(이하 장공방)'에서는 재택창업, 재테크, 투자에 대한 성공비결을 공유하며 많은 사업가들이 자수성가 부자의 길로 향하고 있다.

  누구라도 맨손으로 안정적으로 자수성가를 갈망하는 사람은 카카오톡 친구 채널 검색창에서 '자수성가 공부방'을 검색해 채널을 친구 추가하고 1:1 메시지로 '책을 읽었습니다. 자수성가 부자가 되고 싶어요.'라고 남기고 네이버에서 '자수성가 공부방' 홈페이지와 카페를 검색해 회원가입하면 선착순으로 '부자 되는 방법'과 직장인도 퇴근 후, 도전할 수 있는 '재택창업'에 대한 유익한 고가정보와 꿀팁을 무료로 얻을 수 있다. 가장 빠른 자수성가 방법에 대해 안내받을 수 있다.

'멘토'를 만나
빠르게 '부의 추월차선'에 올라타라

항상 정확한 조언을 내려주는 멘토가 있다면, 인생이 활짝 펼 수 있다. 실제로 나는 불법 다단계에 빠졌던 친구를 구해준 적이 있다. 나는 불법 다단계가 왜 안 좋은지 설명하기보다는, 그 친구에게 더 확실한 사업 아이템을 주었다. 그 친구는 나의 사업 아이템을 받고 한 시간도 지나지 않아서, 불법 다단계를 욕하게 되었다. 불법 다단계에 날릴 뻔한 계약금도 법적으로 대신해서 받아주었다. 그 친구는 내 덕에 거의 1,000만 원을 아낀 것이다. 멘토란 이런 것이다. 멘토는 잘못된 길로 가는 것을 바로잡아서 확실한 길로 인도하는 사람이다. 나에게는 현재 많은 멘토가 있다. 스승님들의 열정과 위대한 정신에

존경을 표한다. 나는 남들에 비해 경험이 많아서 프라이드가 매우 높은 편인데, 스승님들께는 자존심이 없다. 아직도 오라고 하면 뛰어서 가고, 강의하면 오버액션까지 한다. 배우는 입장에선 당연한 처세라고 생각한다. 오랜 시간 노력해서 개발해낸 노하우를 전수해준다면 당연히 그래야 되지 않을까? 교육비를 냈든 내지 않았든 상관없다.

내가 필요한 분야에서 한 번 스승이 된다면 노하우를 다 습득하든 하지 못하든 상관없이 영원한 스승님이다. 제자가 청출어람했다고 해서 스승을 무시하겠는가? 그런 제자는 쓰레기다. 그런 사람은 정신 차릴 때까지 땅에 머리를 박고 반성을 해야 한다. 한번 스승은 영원한 스승이다. 내가 도와드릴 수 있는 것이 있다면 도와드리고 최대한 은혜를 갚을 것이다. 나는 이러한 마음을 최대한 표현한다. 정말 많이 배우고 성장하고 싶다. 세상을 바꾸겠다는 목표는 혼자서 이룰 수 있는 것이 아니기 때문이다.

군 입대 전, 당시 나와 어깨를 나란히 하던 분들은 최소 월 수억 원 이상 벌고 있고, 나보다 훨씬 못 벌던 분들도 수천만 원씩은 벌고 있다. 3년간의 공백이 너무나 컸다. 돈이야 벌 수 있다지만 이 정도로 성장 속도 차가 나는 것이 나에게는 큰 압박이었다. 누구 못지 않게 열심히 살아온 나의 입장에서는 억울하기도 했다. 한때 혼자서 독고다이로 해보겠다는 생각도 가지고 있었다. 나는 수년이 지나고 나서야 그 생각을 버리게 되었다. 사기를 당하고 한동안은 스승님들의 교육조차 받지 않고 있었다. 당시 나의 선택이 틀렸다는 것을 시간이 지날수록 더욱 선명하게 깨달을 수 있었다. 공백 기간을 제외하고도 어느 정도 시간이 지났음에도 성장속도는 동기들보다 훨씬 느렸기 때문이다. 제대하면 월 1억 원을 우습게 찍을 것 같았던 나의 소득은 몇 년이 지나도 그 수준을 벗어나지 못했다. 결과만 보더라도 과거 겸손하지 못했던 나의 행동을 반성하게 되었다. 많이 부족했다. 시간이 지나서야, 나의 잘못된 점을 깨닫고 스승님을 찾았다. 만나고자 하는 사람이 많아서 바쁘신 분들임에도 제자가 다시 사업을 해보겠다고 하니, 스승님은 나를 반겨주셨다. 지금 생각해도 정말 감사하다. 바쁘셔서 빵으로 끼니를 때우는 모습을 보기도 했는데, 제자를 만나려고 귀한 1~2시간을 내주셨다. 나는 그럴 때마다 무슨 수를 써서든 은혜를 갚을 것이라고 다짐했다. 글을 쓰는 지금도 나는 스승님들 중 한 분의 일을 돕기 위해서 보름 정도 교육을 하고 있다. 참고로 수술한 지 일주일밖에 지나지 않았는데 말이다. 나는 스승님께 하나라도 더 도울 것이 있다면 돕고 싶다. 이것이 내가 스승님께 가지는 존경의 표시다. 그래서 나는 더 많이 배우고 싶다. 나는 수강생들에게 가끔 이런 말을 한다. "초보가 왜 초보겠습니까? 고수 말을 안 들으니 초보인 것이지요." 농담식으로 말하긴 하지만 뼈가 담긴 말이다.

나는 월 10만 원으로 시작해서 월 1,000만 원을 찍기까지 너무 힘들었다. 고시원에서 친구도 만나지 않고 보름만 살아보면 알 것이다. 고시원에서 공부할 때를 생각한다면 정말 끔찍하다. 이러한 인내의 기간을 줄이는 방법이 바로 고수의 말을 듣는 것이라고 나는 자신 있게 말한다. 교육을 받아보니 '내가 왜 그렇게 헛고생을 했지?'라고 생각할 정도로 인생이 쉬워졌다. 물론 누구의 도움도 없이 스스로 해봤기 때문에 나만의 노하우가 많은 것이 사실이다. 여러분은 제대로 된 고수를 만나야 한다. 세상에는 만들어진 전문가가 너무나 많다. 책의 정보나 교육을 통해서 얻은 지식만을 가지고 강의하는 강사에게 교육을 받게 되면 자신에게 큰 도움이 되지 못한다. 무슨 분야든 직접 해본 사람에게 배워야 한다. 창업도 마찬가지다. 창업을 준비하는 여러분이 창업 교육이나 책을 봤을 때 교육에서 말하는 단어가 너무 어렵지 않은가? 불필요한 과정들이 너무 많다고 생각되지 않은가? 그렇기 때문에 실전에서 어느 정도의 성과를 내본 사람에게 교육을 받아야 한다. 직접 해보지 않은 사람의 지침은 군더더기가 너무 많다. 이것은 책을 펴낸 교육자라도 마찬가지다. 그들이 하는 이야기를 살펴보라. 창업 관련 교육자 중에서 교육비가 아니면 돈을 벌 수 없는 사람을 나는 실력자라고 생각하지 않는다. 교육에 의해 만들어진 (창

▲ 동아일보 '2022 한국브랜드만족지수 1위' 창업경영컨설팅 부문을 수상한 '자수성가 공부방' 이승주 소장이 기념촬영을 하고 있다.

업) 교육자에게는 크게 배울 것이 없다. 맹인이 맹인을 인도하면 파멸하게 된다. 여러분은 좋은 스승을 찾을 필요가 있다. 세상에 돈보다 중요한 것이 시간이기 때문이다. 돈은 언제든지 벌면 된다. 당장에 많은 돈을 벌지 못하더라도 방법만 알면 벌 수 있다. 하지만 시간은 되돌릴 수가 없다. 교육비는 그렇다 치더라도 여러분에게 소중한 시간은 어떻게 할 것인가? 돈 몇 푼 아끼자고 아무 데서나 교육을 받는 것은 좋지 못한 선택이다. 그러니 여러분은 확실한 고수를 만나야 한다.

여러분은 성공하는 법이 알고 싶어서 이 책을 읽고 있을 것이다. 나의 이야기가 여러분에게 달갑게 여겨지지 않았던 부분도 있을 것인데, 왜 여기까지 읽고 있을까? 여러분은 성공을 바라는 것이다. 기회가 되면 나를 한 번쯤 만나보고 싶기도 할 것이다. 여러분은 내가 필요하니까. 나는 믿을 만한 동업자가 필요하다. 예전에는 돈이 되는 것은 무엇이든지 했는데, 돈보다 더 중요한 것은 사람이다. 그렇다고 아무나 모은다고 되는 것이 아니다. 믿을 만하고 뜻을 같이 할 수 있는 사람을 모아야 해결이 되는 문제다. 성공을 향해 식지 않는 꾸준한 열정을 가진 사람들 말이다.

나 또한 스승님께 배우기 위해서 많은 노력을 하는 편인데, 앞서 말했지만 나는 스승님께 충성과 아부를 아끼지 않는다. 남들이 하지 못할 정도로 할 수 있는 한, 나만의 충성 맹세를 한다. 이런 제자는 무조건 키우면 좋은 사람이다. 절대적으로 목표에 도움이 되는 제자라면 더 좋고 말이다. 이러한 것들이 인간적인 매력을 가진 사람보다도 더 필요한 사람이 되는 방법이다. 나는 이러한 사람이 되기 위해서 부단히 노력해왔다. 결과적으로 스승님들과 좋은 관계를 유지하고 있다. 물론 스승님들의 마음이 넓으신 것도 한몫한다. 무엇보다도 요즘 나는 많은 교육을 듣고 있는데, 예전보다 교육비를 적게 지불한다. 스승님들에게는 평생 제자가 되었고, 이제 추가적인 교육비를 내지 않아도 된다.

  나는 스승님의 가르침을 실천했다. 나에게도 조언과 도움을 필요로 하는 사람들이 많이 찾아온다. 그런 분들 중에는 내가 원하는 분야를 교육하는 분들도 있다. 그런 분들이 나에게 돈을 주겠다고 하면 돈 대신 가르침을 받고 싶다고 한다. 그래서 요즘은 수백, 수천만 원짜리 교육을 거의 무료로 듣는다. 스승님 중 한 분은 "내가 필요한 사람에게 꼭 필요한 사람이 되면 무조건 성공할 수 있다"라고 말씀하셨다. 나는 그 말씀을 듣고 실천했을 뿐이다. 다행인 것은 스승님들은 나의 능력을 필요로 하신 경우가 많다는 것이다. 물론 다른 분야라 그렇지, 나보다 뛰어나다.

  살다보면 분명히 내가 좋아하는 성격이 아닌데 꼭 필요한 사람이 있다. 자수성가할 만큼 뛰어난 사람들은 공부도 그만큼 많이 했기 때문에 환경에 대한 영향을 아는 경우가 많다. 성공한 사람과 함께하면 성공할 확률이 높아지고, 긍정적인 사람과 함께하면 긍정적으로 변하게 된다. 남자다운 사람과 함께 지내면 남자다워지는 것과도 같은 이치다. 이러한 영향에 대해서는 여러분도 한 번쯤은 들어봤을 것이다. 이러한 사실을 많은 사람들이 알고 있을 것인데 나를 만나고 싶어서 몇 달째, 몇 년째 기다리는 사람이 줄을 서고 있다. 왜일까? 나만이 그들의 어떠한 고민을 해결해줄 수 있는 사람이기 때문이다. 어쩌면 유일할 것이다. 내가 필요한 사람에게 꼭 필요한 사람. 나는 지금 여러분들에게 최소한 그 정도가 되는 법을 설명해주었다. 결국은 각각의 분야에서 전문가가 되어야 한다.

　나는 중국에 관심이 많다. 하지만 중국어도 못하고 현지상황도 잘 알지 못한다. 나는 중국시장의 상황을 어느 정도 알고, 중국어를 능숙하게 할 줄 아는 사람이 필요했다. 그래서 평소 친구조차 만날 수 없는 상황임에도 불구하고 중국어를 잘하는 친구에게는 조금이라도 더 잘해준 것 같다. 그 친구가 좋아하는 것이 콜라였는데 나는 이성 친구도 아닌 동성 친구에게 콜라와 맛있는 음식을 사주려고 매번 시간을 냈다. 당시 나와 함께 식사를 하려면 70만 원 이상의 돈을 지불해야 했는데, 그 친구에게는 돈을 받지 않았다. 오히려 맛있는 음식들을 사주었다. 동갑내기였던 친구는 주변에 그렇게 이유 없이 먹을 것을 많이 사주는 사람이 없어서 나를 은근히 반겼던 것 같다. 나도 꽤나 순수한 친구가 좋았다. 도움이 되는 사람만 만난다고 계산적이라고 할 수도 있겠지만 내 기준에서는 전혀 그렇지 않다. 이제까지 학창시절 교육비를 제외하고 장사, 사업에 관련된 도움이 되는 교육을 받으려고만 수억 원을 들였다. 그리고 그 교육비를 마련하기 위해 흘려야 했던 눈물은 모두 내가 감수해야 하는 것들이었다. 나는 성공을 위해 이러한 것들을 지불했는데 공짜로 얻으려고 나를 만나려는 사람들을 좋아할 수는 없다. 최소한 노력이라도 해야 하는데 공짜로 무언가 답을 얻으려고만 한다면 좋은 답은 얻지 못할 것이다. 선생이 답을 알지 못하는 것이 아니라 배우러 오는 사람의 자세가 잘못 되었기 때문이다. 여러분도 목표가 있고 만나고 싶은 멘토가 있을 것인데 나의 말을 기억하길 바란다. 창업을 준비하는 여러분에게 중요한 것은 창업 관련 단어를 외우는 것이 아니라, 이러한 마음가짐이다.

나는 돈을 벌기까지 창업에 관련해서 전문적인 교육을 받지 않았다. 그저 내가 장사를 하면서 필요한 것들을 직접 부딪혀가면서 익혔을 뿐이다. 이제 나는 누구보다 쉽게 창업한다. 쉽게라고 해서 대충하는 것도 아니다. 어쩌면 여러분이 수년간 사업을 준비하고 창업했을 때보다 더 효율적일 수 있다. 장사와 사업의 목적이 우선은 돈을 버는 것인데 현재 창업 준비생인 분들은 너무 불필요한 것들에 목을 매지 않나 싶다. 창업은 그저 말이 좋아 창업이지 돈을 못 벌면 백수이다. 돈을 잘 벌어야 비로소 사장님이 되는 것이다. 사업자등록증이며 허가증이며 이러한 것들은 그저 법을 지키기 위한 시스템에 불과할 뿐이다. 세금은 세무사에게 맡기면 된다. 왜 그 몇 푼 안 되는 돈을 아끼자고 아까운 시간을 날려야 하는지 생각해 보자.

월급만으로는
절대 부자가 될 수 없다

요즘 지인들에게 돈 버는 방법을 알려주고 있다. 예전 같았으면 꿈도 못 꿀 일이다. 수강생들이 내가 알려준 노하우를 공개된 장소에서 말하면, 나는 미칠 듯이 소리를 질렀다. "내가 이 방법들을 알아내려고 얼마나 고생했는 줄 알면서 그러느냐"고 화를 냈다. 실제로 여기까지 책을 정독한 사람이라면 내 기분을 어느 정도 이해할 수 있을 것이다. 소중한 노하우가 다른 사람에게 넘어가는 것이 정말 미치도록 싫었다. 그래서 믿을 만한 사람에게만 한정적으로 노하우를 공유했었다. 하지만 이제는 다른 사람에게도 알려준다. 앞에서도 설명했지만 하고자 하는 사업이 너무나 많기 때문에 나 혼자서는 힘들기 때문이다. 내가 비록 세상을 오래 살지는 않았지만 세상에 없던 기술을 여러 번 개발해 내었다. 누군가에게 교육을 받아서 알게 된 노하우가 절대 아니다. 내가 개발한 기술을 활용해서 실제로 돈을 벌었다.

전화 통화 30분만 해도 통장으로 100만 원이 입금되었다. 사람들이 바보가 아닌데 왜 나에게 돈을 줄까? 그들이 원하는 것은 나와의 30분 통화였다. 돈이 되는 노하우를 얻기 위해서 말이다. 30분 통화하고 100만 원을 받았던 정보는 무자본으로 하루에 30만 원 이상씩도 벌 수 있는 정보였다. 물론 판로가 어느 정도 확보가 되어야 하는데 이 판로를 구하는 것 또한 쉬운 편이었다. 수요가 폭발적이었기 때문이다. 물론 지금도 그렇다. 이제는 어느 정도 제한된 정보라서 1일 교육이나 컨설팅 때에도 그냥 알려주고 있다. 이렇게 단순한 방법으로 돈을 많이 버는 노하우는 흔치 않다. 분명히 말할 수 있는 것은 예전보다 지금, 돈을 벌 수 있는 효율적인 방법들이 충분히 많다는 것이다.

몇 가지 세상에 없던 기술들을 개발하면서 깨달았던 것이 있다. 아무리 좋은 기술이라도 결국에는 세상에 알려진다는 것이다. 물론 그 정도로 퍼지게 될 쯤에는 해당 기술을 개발한 사람이 단물을 다 빨아 먹은 뒤다. 해당 기술이 쓸모가 없어질 때 세상에 나오게 된다. 내가 좋은 기술들을 사용하든, 사용하지 않든 결국엔 쓰지 못하게 된다. 물론 이 기간이 생각보다 매우 길다. 그래도 그냥 두기에는 아까운 것이 사실이다. "노하우는 많은데 시간이 없다"라는 말이 이러한 상황에서 나온 말이다.

  나는 남들보다 조금은 이른 20대 초반의 나이에 나만의 돈 버는 방법을 정리했다. 물론 아직 부족한 수준이라고도 할 수 있지만, 지금의 내가 보더라도 평생 먹고 살기에는 부족함이 없다고 느낀다. 그 상태로 수 년간의 공백기를 거쳤다. 일을 못하는 그 기간에도 나는 돈에 관해서 피나는 노력과 연구를 했다. 구체적으로 어떠한 방식의 수익구조를 만드는지에 관해서 말이다. 그러다가 내가 그동안 놓치고 있던 중요한 것들을 알게 되었다. 바로 시간이었다. 나는 지금까지 돈만 많이 벌면 되는 줄 알고 살아왔다. 여느 때처럼 아무도 없는 방 안에서 혼자 공부를 하고 있는데 가족 생각이 나서 소리를 질렀다. 시간이 없었기 때문에 가족을 챙겨주지 못했던 기억이 떠올랐기 때문이다. 잠깐의 생각 때문에 가족에 대한 미안함과 아무 이유없이 억울하게 나를 억눌렀던 대상들에 대해 분노를 터뜨렸다. '나는 왜 가족을 지켜주지 못했는가?' 생각을 해봤다. 돈도 돈이었지만 우선은 시간이었다. 시간, 나는 돈을 버는 법은 알고 있었는데 시간을 버는 법은 모르고 있었다.

  로버트 기요사키의 『부자 아빠 가난한 아빠』책을 읽었다. 책에서는 자동화 파이프에 대해 설명하고 있었다. 당시에는 일에 시간을 많이 쏟아야 예전의 소득 이상을 회복할 수 있다고 생각하며, 내가 빈털터리가 된 것은 실력이 없어서가 아니라고 생각했다. 하지만 모래성과 같이 무너져 내린 사업을 다시 세우려니 힘이 들었다. 당시에도 하루 종일 일하면 못해도 하루에 기본 수십만 원씩은 들어왔다. 하지만 내게는 여유가 없었다. 자유가 없었다. 시간이 없었기 때문에 내가 사랑하는 사람들을 돌아보지 못했다. 그런 것이 떠오를 때마다 소리를 지르고, 이런 생활의 반복이었다. 나는 한참을 고민하다가 깨달았다. 시간과 돈에서 자유로운 사업을 해야 한다는 것을…….

책의 내용이 다르게 다가오고 있었다. 시간과 돈에서 자유로운 사업을 하라고……. 그때를 돌아보니 나에게는 이미 해당 사업을 할 수 있는 충분한 준비가 되어 있었다. 이미 군 입대 전에 그런 회사를 만들어 보기도 했다. 사업 아이템은 넘치고 그러한 사업체들의 매출을 상승시킬 실력도 있었다. 나는 이 좋은 아이템을 하나도 놓치고 싶지 않았다. 하지만 과거의 경험으로 봐서 여러 개를 한꺼번에 하다가 성장속도가 더딜 것이 뻔했다. 결국에는 바라는 기간 안에 최종적인 목표를 이루기는 어려울 것 같았다. 중요한 것은 지금까지 사업이 아닌 장사를 하고 있다는 것을 깨달았다. 당시에도 일하는 시간에 비해 돈을 많이 벌기는 했다. 직원들에게 단순한 업무를 시켜서 내가 일을 하지 않아도 회사가 자동으로 굴러가고 있었다. 하지만 그 또한 사업이 아니라 장사일 뿐이었다. 수년간의 공백 기간 중 내가 빠지자 매출은 장기적으로 하향 곡선을 그렸던 것을 기억한다.

'내가 빠져도 돌아가는 진정한 사업이란 무엇일까?' 나는 이제 이 방법에 대해, 확실히 알고 있다. 나는 사업을 함께할 열정적인 사람을 찾기 위해 교육을 시작했다. 수강생 중 한 명은 우리 교육을 '절대 망하지 않는 창업 노하우'라고까지 했다. 실제 그렇다. 리스크 자체를 최소화해버리니, 생각했던 것보다 성과가 나오지 않더라도 될 때까지 더 도전할 수 있다. 해당 아이템이 개인에게 당장 맞지 않을 수 있으나, 하나하나 따지고 보면 대부분 기발한 아이템이다. 무엇보다 나의 교육은 돈을 벌면서 창업 준비가 가능했다. 고객과 상담하며 스트레스를 받지 않아도 되는 것도 있었다. 당시 내가 교육했던 것은 직장 상사나 다른 사람의 눈치를 보며 스트레스를 받지 않아도 되는 창업 교육이었다.

창업을 굳이 할 사람이 아니어도 누구나 교육을 받으면 바로 활동이 가능했기 때문에 인기가 많았다. 사회적으로는 일자리 창출에도 기여를 하는 것이라고 생각했다. 동업자 과정은 당시에 500만 원만 내면 1년간 나와의 동업으로 수익을 쉐어하는 조건으로 시작할 수 있었다. 1년 이후에는 자유다. 엄청난 혜택이다. 수억 원의 교육비를 들이고, 10년에 가까운 내 연구결과를 공유하는데 엄청나게 후한 조건

임이 틀림없다. 당시 교육비는 동업자가 충분히 늘어나면 점점 가격을 올릴 예정이었다. 하지만 얼마 지나지 않아 교육을 중단했다.

요즘도 교육할 때면 가끔 예전에 장사하던 사진과 영상을 보여주는데, 나름의 '인증샷'이다. 예전부터 내 교육을 듣고 뒤에서 더 비싸게 교육을 하는 사람들이 많았으므로, 안전장치를 겸해서 그렇게 하고 있다. 제 아무리 말만 잘하는 사기꾼들이 나의 이야기와 노하우를 베끼려 해도 인증샷까지 보여줄 수는 없을 것이라고 생각해서였다. 당시에 나는 돈이 될 만한 노하우를 많이 가지고 있었다. 다만 전부 놓치고 싶지 않은 아이템이다 보니 발전 속도가 느렸다. 그래서 그동안 친한 지인에게만 알려주었던 아이템을 수강생들에게도 알려줬다.

옛말에 "살을 주고 뼈를 취한다"라는 말이 있다. 나는 내 살(노하우)을 주고, 뼈(목표)를 취할 것이다. 방법은 확실하다.

도전하자. 성공은 도전하는 자만이 가질 수 있다.

내가 상상하면 꿈이 현실이 된다

바라는 모든 것이 이루어진다면 얼마나 좋을까? 옛날 알라딘의 램프를 생각해보자. 요술램프를 문지르기만 해도 모든 소원을 들어주는 램프의 요정, 지니가 나타난다. 램프의 요정 지니는 알라딘에게 아무런 대가도 없이 소원을 들어준다. 동화이긴 하지만 현실에서 이런 것이 있다면 누구나 원할 것이다. 자신의 소원이 이루어지는 것을 원하지 않는 사람은 없다. 내가 이제 놀라운 사실을 말해줄 것이다. "현실에서도 분명 요술램프가 존재한다." 하지만 사람들은 이런 요술램프가 있는지도 모르고 사용방법도 모른다. 현실에서의 요술램프는 우리의 상상력이고 목표다. 우리가 상상하면 현실에서 일어난다는 말이 있다. 좋은 상상만 해야 되는 이유도 여기에 있다. 우리는 바라는 것을 상상하면 충분히 현실에서 이룰 수 있다.

나는 수년 전부터 목표를 적어왔다. 휴일 빼고 매일을 그렇게 해왔다. 이제 10년이 다 되어 간다. 나에게 "목표를 적어왔기 때문에 자수성가할 수 있었나요?"라고 묻는 사람도 있다. 사실 나는 확실한 목표를 가지기 전에 돈을 벌었다. 누구 하나 제대로 된 조언을 해주는 사람이 없었기 때문이다. 막연한 꿈만 가진 채로 열심히 노력하다보니, 억대 연봉을 이루기까지 상당히 고생했다. '이렇게 삽질만 하다가 늙어버리면 어쩌나'라고 걱정하기도 했다. 아마 구체적인 목표를 적으면서 달려왔다면 더 쉽게 성장했을 것이라는 생각이 든다. 나는 억대 연봉을 이루고 더 큰 목표를 이루기 위해서 매일 목표를 적기 시작했다. 처음에는 김승호 회장님의 '목표 백 번 쓰기'에 영감을 받았다.

이런 말을 들은 적이 있다. "성공한 사람들은 자기들 나름대로 목표와 계획을 적어왔는데 한 가지 특징이 있었습니다. 성공한 사람들을 전체적으로 분류해봤을 때, 상대적으로 작게 성공한 사람들은 1년 단위의 목표와 계획을 세웠고, 중간 정도로 성공한 사람들은 매달 목표와 계획을 세웠고, 크게 성공한 사람들은 매일 목표와 계획을 세웠습니다." 나는 이 말을 듣고 큰 감명을 받았다. '그래 매일 목표와 계획을 쓰면 크게 성공할 수 있겠구나.' 하지만 목표를 매일 100번씩 쓰면서 계획까지 쓰려니 무엇인가 비효율적인 느낌이 들었다. 최대한의 효과를 내되, 불필요한 작업을 줄이기 위해서 고민하다가 계획과 목표를 한 번에 같이 쓰는 것으로 대체할 수 있겠다는 생각이 들었다. 거기에 비밀번호에도 목표를 넣게 된다면 로그인할 때마다 목표를 떠올리게 되니 충분한 효과를 유지하는 셈이었다.

나는 목표와 계획을 매일 적는다. 나만의 목표 설정 방법을 직접 만들어서 하고 있다. 내가 하는 방법을 잠깐 소개해 보겠다.

먼저 A4용지 한 장을 꺼내라. 그 다음 종이 맨 위에 여러분이 생각하는 목표를 적어라. 인생에서 이것만큼은 꼭 이루어야겠다는 목표를 적으면 되는데, 구체적이고 수치화할 수 있어야 한다. 예를 들어서 막연히 '부자가 되겠다'는 것보다는 '40살 안에 100억 원을 벌겠다'와 같은 구체적인 목표를 적는 것이 좋다. 최소한 1개 이상을 적어라. 그런 후, 바로 밑에 지금으로부터 3년 뒤의 연도를 적어라. 예를 들어 현재 2024년이라고 한다면 2027년이라고 적으면 된다. 3년 단위의 목표를 세우는 것이다. 3년 단위의 목표를 세우는 이유가 있다. 3년은 사람이 예측하고 컨트롤 할 수 있는 최장의 기간이라고 한다. 내가 직접 경험해봤던 내용이니 믿어도 된다. 아무리 놀아도 월 1,000만 원 이상 벌던 내가 월 300만~400만 원으로 뚝 떨어졌던 기간도 3년이었다. 지금은 잘 되고 있지만 당시에는 가슴 아픈 3년이었다. 아무튼 그렇게 연도 별로 적는데 앞의 예를 적용했을 때, 2027, 2026, 2025년이 된다. 맨 위에 적었던 인생에 최종 목표를 이루기 위해 해당 연도까지 이루어야 하는 목표와 계획을 적으면 된다. 그리고 현재의 해에는 몇 가지 더 추가해야 하는데 월별 계획과 주간 계획표를 작성하는 것이다. 어떤 형식이든 자유다. 당장 내일 해야 하는 계획들도 주간 계획표에 넣을 수 있기 때문에 일간 계획표는 시간표로 대체했다. 이렇게 매일 목표와 계획을 적으면서 목표를 달성하거나 계획을 실천한 것들을 하나씩 지우고 해야 할 것들을 더하면 된다. 주말을 제외하고 매일을 그렇게 하면 된다. 10년 가까이 목표와 계획을 매일 써온 장본인으로서 실천만 하면 분명히 효과가 있다고 자신있게 말한다. 매일 목표와 계획을 적을수록 목표를 이루기 위해 실천해야 할 지침들이 나타나고 그것들이 점점 구체적이게 된다.

프랑스의 위대한 지성이라고 불리는 앙드레 말로는 "오랫동안 꿈을 그리는 사람은 마침내 그 꿈을 닮아간다"라는 말을 남겼다. 정말 멋진 말이다. 나는 이 문장에 확신을 가지고 있다. 실제로 학벌도, 집안도, 지역도, 건강도, 머리도 좋지 않던 나도 목표를 이뤄봤으니까 말이다. 앞으로는 더 큰 목표도 이룰 것이다. 여러분도 꿈을 그리기를 바란다. **목표가 사람을 만든다.**

나는 시골에서 태어나고 자랐다. 멘토는커녕 롤모델조차 주변에서 찾아 볼 수 없었다. 동네에는 도서관이 있었지만 장의사집 폐가에 사는 나에게는 멀게만 느껴졌다. 마주치면 누군지 알 정도로 좁은 동네에서 도서관까지 가기가 그렇게 어려울 수가 없었다. 사람 보기가 부끄러워서 20년을 그렇게 자라오다 보니 말더듬이에 장애인 소리까지 들었다. 몸에는 이유 없이 맞았던 칼자국과 흉터가 군데군데 남아 있다. 그것을 볼 때마다 미치도록 화가 났다. 어린 시절 아이큐 120이 넘던 나는 정신적인 트라우마로 아이큐 두 자리가 되기도 했다. 사람은 보는 것이 다인데 내 고향에서는 술주정뱅이에 도박꾼들밖에 보이지 않았다. 객관적으로 여러분의 현재 상황보다 얼마나 성공하기 힘든 상황이었나를 봤으면 한다.

   나는 성공하고 싶어서 서울로 상경했고, 장사를 알려주는 사람이 없어서 내가 직접 장사를 하면서 터득했다. 어린 시절 제대로 된 교육을 받지 못했던 것을 메우기 위해서 고액의 교육도 받았고, 지금도 받고 있다. 주변에 배울 만한 사람이 없어서 내가 직접 스승님들을 찾아뵈었다. 어린 시절 나는 어쩔 수 없이 친구를 만나지 못했지만 이제는 목표를 이루기 위해 친구를 만들지 않는다. 나는 인맥에 의존해서 일을 하지 않는다. 세상에 공짜 없고, 내 인생은 내가 주도하기 때문이다. 모든 사람들이 나를 외면해도 괜찮다. 나 혼자라도 충분히 먹고 살 자신이 있으니까. 나는 목숨이 붙어 있는 한, 모든 사람에게 동등한 기회가 주어진다고 생각한다. 여러분에게 안 되는 이유가 있다면 나처럼 하나씩 개선해나가면 된다. 나는 1,000원짜리 한 장도 없던 20살 때에도 성공을 확신했다. "지금은 배고프고 외롭지만 나는 잘 될 수밖에 없는 사람이다, 나는 나를 사랑한다"라고 말이다. 내가 했고, 하고 있듯이 여러분도 충분히 할 수 있다.

자신감을 가지고 꿈을 그리기를 바란다. 오랫동안 꿈을 그리는 사람은 마침내 그 꿈을 닮아갈 테니까.

03

창업고수의
'10억'짜리 사업
성공수업

13년 경력 '창업 멘토'가
말해주는 꿀팁

　메일 한 통이 도착했다. 자신은 27살에 창업을 준비하고 있는 청년이라고 소개를 했다. 장문의 메일이었지만 대략 "저도 대표님처럼 잘 되려면 무엇을 해야 될까요?"라는 내용이었다.

　창업 초기에는 실제 경험자들의 조언이 꼭 필요하다. 여러분에게 먼저 중요한 조언을 하고 싶다. "많은 멘토를 두지 마라." 옛말에도 사공이 많으면 배가 산으로 간다고 하지 않았나. 그래도 사공들이 실력이 있어서 산으로 간 것이지. 돌팔이 사공들이었다면 벌써 절벽 밑으로 추락했을 것이다. 나는 20대 초반에 억대 연봉을 넘어선 청년이었다. 그렇게 소득을 올리고 나서야 교육을 받기 시작했는데 잘못된 조언까지도 거르지 않고 듣다 보니. 방황을 많이 했던 기억이 난다. 덕분에 제대 후, 사업을 회복하기까지 2년 정도가 걸렸던 것 같다.

   세상에는 많은 창업 교육자가 존재한다. 하지만 그중에서 과연 몇 프로나 실제 창업을 해봤을 것이며, 몇 프로나 실제로 돈을 벌어봤을까? 창업을 직접 해본 사람과 창업 강사 양성기관에서 찍어내듯이 만들어진 강사 중에 누구의 조언을 들어야 할지 생각해보자. 우리의 인생은 영양가 없는 삽질을 반복할 만큼 길지가 않다. 창업을 준비하는 여러분에게는 1분1초가 소중하다. 검증되지 않은 100명의 멘토보다 확실한 1명의 멘토를 찾자. 좋은 멘토를 알게 되었다면 최대한 예절을 지키면서 다가가자. 나는 배울 점이 있는 사람이 진행하는 강의는 꼭 들으려고 노력한다. 당연히 그들이 정한 비용을 지불하고 말이다. 아무리 필요한 정보라고 해도, 구매하지도 않을 것인데 시장조사를 한다는 명분으로 실례를 범하는 일이 없기를 바란다. 요즘 내가 창업교육을 공개적으로 하지 않는 이유는 소수 매너 없는 사람들 때문이기도 하다.

   전화가 한 통 왔다. 교육을 받을 생각도 없으면서 다짜고짜 교육의 민감한 내용을 집요하게 물어보는 전화였다. 그 40대 아주머니는 컨설팅비도 내지 않고 집착 수준으로 전화를 이어가려고 했다. 내가 정한 규칙을 전혀 지킬 사람 같지가 않아서 나는 화도 내지 않고 전화를 끊었다. 그러고는 몇 분이 지나지 않아서 장문의 메시지가 왔다. 본인은 현재 직장에 다니지만 독립을 하면 월 1,000만 원을 벌 수 있다고 했다. 그러면서 창업을 할지 아니면 내 밑에서 일할지 정하는 중이라고 했다. 그러면서 본인을 써주지 않는다고 나를 꾸짖는 내용이었다. 정말 이상한 사람들이 너무 많다. 말해봐야 시간낭비인 것 같기에 무시했다. 좋은 멘토는 흔치 않다. 여러분은 이런 실수를 하지 않기를 바란다.

많은 청년들이 창업을 한다. 좋은 현상이지만 한편으로는 우려스럽기도 하다. 절대 가족이나 주변에 손을 벌리지 마라. 차라리 아르바이트로 생활을 유지하면서 창업하자. 나는 월 소득이 10만 원일 때에도 사업자등록증을 가지고 있었지만 나 자신을 사업가라고 생각하지 않았다. 거래처에서 기분 좋으라고 "대표님"이라고 불러줘도 당시에 나는 알바생에 불과했다. 돈을 벌어야 비로소 사업가이며, 사장이 될 수 있다. 나는 사업을 하고 있지만 돈을 벌기 위해서 사업을 하지 않는다. 사업을 하기 위해서 돈을 벌 뿐이다. 대부분 잘 되는 분들을 보면 돈이 자신을 위해서 일을 하게 만든다는 특징을 가지고 있다. 당장에 얼마를 벌 수 있든지, 하루 종일 아무리 열심히 일을 한다고 해도 우리 모두에게는 하루의 시간이 주어진다. 물론 이 시간에 아무것도 하지 않는 사람들과는 비교할 수도 없이 낫지만 효율적이지는 않다고 본다.

돈이란 사업에 성공했을 때 세상이 주는 피드백에 불과하다. 요즘 같은 자본주의 사회에서 큰 돈을 벌려면 결국 사업을 해야 한다. 창업에 도전하는 우리는 적어도 일시적으로 얻는 이익보다는 장기적인 이익을 노려야 하는 것이 맞다. 사업이라는 것은 결국 돈을 버는 기술이다. 우리 주변에 '돈, 돈, 돈' 거리지 말라는 사람들을 살펴보자. 그들은 사업을 해보지도 않은 사람들이다. 우리를 소중히 여겨서 조언을 해주는 그 친구들도 결국 우리에게 부정적인 역할밖에는 해주지 못한다. 그 친구들이 적어도 경험자이고 실력가였다면 돈을 버는 방법에 대해 알려주었을 것이다.

사업에 대해 모르는 사람과는 사업을 논하지도 말자. 창업가인 우리는 적어도 돈을 컨트롤할 줄 알아야 한다. 상황이 힘들 때에는 아르바이트라도 해서 대출조차 받지 못하는 상황을 피해야 한다. 기왕 창업을 하기로 마음먹었다면 돈을 현실적으로 보자. 창업가는 성과를 내게 되면 기본적으로 리더가 될 수밖에 없다. 말더듬이에 경계심이 많았던 나에게도 지금 이끌어야 할 많은 사람들이 있다. 처음에는 이들을 어떻게 이끌어야 될지 고민이 많았다. 사실 스트레스도 이만저만이 아니었다. 월급을 줘도 열심히 하지 않으며, 노하우를 알려줘도 꾸준히 실천을 하지 않았다. 이들에게 주인의식을 심어주어야 나

▲ 동아일보 '2022 한국브랜드만족지수 1위' 창업경영컨설팅 부문을 수상한 '자수성가 공부방' 이승주 소장이 기념촬영을 하고 있다.

의 사업이 성공가도를 달릴 것이라는 사실을 잘 알고 있었다. 그래서 내가 먼저 영웅처럼 행동했다. 그리고 의리를 지킬 사람들에게는 더 많은 교육을 해주었다. 요즘도 나의 목표를 동료들과 공유하고 함께 계획한 전략을 그대로 진행하고 있다. 결과적으로 오히려 나보다 더 강한 열정으로 일해주고 있다. 직원과 동료를 대할 때, 오히려 고객에게 하는 것보다 훨씬 따뜻하게 대한다. 성경에서도 대접받고자 하는 만큼 남을 대접하라고 했다. 진리의 말씀이다. 고객도 중요하지만 옆에 있는 동료가 더 소중하다. 그리고 보상을 확실히 하고 있다. 노력이 억울하지 않게끔 말이다. 오히려 몇몇 직원들은 "너무 많이 주시는 것 아니에요?"라고까지 말하기도 한다. 나는 나를 부자로 만들어준 그들도 부자로 만들 것이다.

모든 사업이 그렇듯이 결국 사람이 사업을 하는 것이다. 아이템이 아무리 좋다고 한들 리더로서 팀을 잘 이끌지 못하면 성공할 수가 없다. 여러분도 동료가 있다면 목표를 공유하도록 하자. 앞서 말했듯이 최대한 구체적이고 수치화할 수 있으며, 실현 가능한 목표를 말하자. 동료들의 눈빛이 변할 것이다. 더 열정적이게 되고, 리더를 더욱 존경하게 된다.

요즘 경쟁이 너무 심하다고 두려워하는 분들이 있다. 나도 어느 정도 공감하는 내용이다. 내가 1만 원에 팔고 있으면 타 업체에서 9,000원에 판매한다. 그렇게 되면 원래 1만 원 가치의 물건이라도 고객의 입장에서는 9,000원짜리 물건으로 전락하고 만다. 그러면 우리 업체는 고객에게 바가지를 씌우는 업체로 보이게 된다. 고객들의 불만 전화도 엄청 들어오고 환불 요청까지 들어온다. 정말 생각이 없는 것인지 상도덕을 모르는 업체들이다. 본인만 살겠다고 물건을 지나치게 싸게 파는 업체들은 사업판에 안 들어왔으면 좋겠다. 이런 업자들에게는 물건도 주기가 싫다. 예전에는 창업하는 사람들이 많지 않아서 가격 경쟁을 하는 업체도 드물었다. 하지만 요즘은 창업 문턱이 낮아진 것도 사실이기 때문에 정말 박 터진다. 경쟁 업체가 많아지면 그만큼 더 노력해야 한다. 이런 상황인데 경쟁력을 갖추지 않은 업체들은 어떻게 살아남아야 할지 고민일 것이다.

사람들은 업체에 충성심을 가지기보다는 좀더 저렴한 업체를 찾아간다. 한두 번은 정에 못 이겨서 이용할 수 있으나 결국은 좀더 저렴하거나, 더 나은 업체를 이용하게 된다. 솔직히 우리 입장에서 시장 물 흐리는 업체들이지, 고객들 입장에서는 땡큐다. 이런 판국에서 단지 열정만으로 이겨내려고 한다면 고생을 많이 하게 된다. 나는 이에 대한 해법으로 내 분야에서만큼은 1인자가 되었다. 이것은 하나의 시장을 완전히 독점하는 것을 말한다. 독점하고 자리를 지켜야 한다.

남들보다 뛰어나기 위해서는 우리의 상황을 현실적으로 볼 필요가 있다. 우리가 만약 피규어 사업을 준비하고 있다고 생각해보자. 우리가 당장에 창업을 해서 피규어 시장 전체를 독점하기는 힘들 것이다. 먼저 원피스든 드래곤볼이든 하나의 피규어 시장에서 1인자가 되어야 한다는 말이다. 잘하는 것 중에서 좋아하는 것을 찾자. 이렇게 독점만 할 수 있다면 여러분도 얼마든지 돈을 벌 수가 있다.

세상은 1등만 기억한다. 2등, 3등은 그저 배고픈 엑스트라일 뿐이다. 여러분이 박 터지는 경쟁 사회에서 살아남고 싶다면 독점과 집중, 이 두 가지를 기억해야 한다. 이것 말고도 창업가가 알아야 할 것들은 무수히 많다. 창업을 해서 돈을 많이 벌면 주변에서 모두 부러워하지만 다들 창업가가 가지는 고통에 대해서는 잘 이해하지 못한다. 어쩌면 당연할 것이다. 어떻게 평범한 사람들이 인류 문명을 이끄는 리더들을 이해할 수 있을까. 그래서 창업가는 고달프다. 그렇다고 아무나 만나서 될 것도 아니다. 나는 항상 이 부분이 답답했다. 그래서 예전에는 그렇게 술을 좋아했나 보다. 여러분은 사업하다가 답답하면 멘토를 찾도록 하자. 직원과의 회식으로는 절대 답을 찾을 수가 없다.

폭발적 성장,
상위 0.1% 마케팅의 비밀

　창업을 하는 데에 있어, 마케팅은 꼭 필요한 부분 중 하나다. 마케팅을 직접 익히는 방법이 있고, 대행사에 맡기는 방법도 있다. 둘 다 좋은 선택이 될 수 있지만, 마케팅의 기본 틀과 전략을 잡아 놓고 진행하는 것이 좋다. 마케팅은 초보 창업가가 꽤나 어려워하는 부분이기도 한데 카더라성 정보가 너무 많기 때문이다. 교육을 들어도, 관련 서적을 읽어봐도 크게 도움이 되지 않더라는 사람들의 푸념이 이해가 된다. "OOO 마케팅으로 월 몇 천씩 번다"는 분들이 많은데, 실제 고수는 그렇게 떠들어대지 않는다. 전부 가짜 전문가일 뿐이다. 오히려 고수들은 숨어 지낸다. 사람 만나봐야 좋을 것이 없기 때문이다. '누가 혼자 고생해서 알아낸 귀중한 노하우를 가지고 강의를 하고 다닐까.' 일시적인 노하우가 아니라면 절대 그럴 수가 없다는 것이 나의 생각이다. 노하우가 없는 사람일수록 다른 사람과 교류하고 싶어 한다. 잃을 것이 없기 때문이다. 반대로 노하우가 많은 사람은 일방적으로 주는 입장이 될 확률이 많다. 이것은 장사에서도 마찬가지다. 나 또한, 20살 시절, '돈 버는 노하우가 있으면 나눠야지'라는 마음을 가지고 있었는데, 지금 생각해보면 가당치도 않다. 나는 적어도 나에게 의리를 지킬 사람이면서 비용을 지불한 사람에게만 알려준다. 그런 부분에서 책값을 낸 독자분들에게 나의 이야기를 하는 것이다. 내가 창업교육을 하는 이유는 아이템이 너무 많아서 나누는 것이지, 하나밖에 없었다면 하지 않았을 것이다. 마케팅에 대해 말하는 많은 강사분들이 있지만, 실상 빛 좋은 개살구가 많다. 때문에 마케팅 강의는 검증된 것을 들어야 한다.

　나는 국내 창업 교육기관들과 주변 지인 강사분들에게서 마케팅 초청강의 요청을 종종 받는다. 하지만 나는 강의 요청에 잘 응하지 않는다. 몇 백만 원씩 받아봐야 나만 손해라고 생각했기 때문이다. 실제 마케팅 쪽 강의를 하시는 분들은 특정 교육기관에서 교육을 받아서, 돈벌이용으로 강의를 하는 분들이 대부분이다. 교육기관에서 1년 정도만 열심히 공부를 하더라도 일반인이 보기에는 그럴싸하게 보인다. 하지만 분명 고수는 아니다. 차라리 그 돈이면 확실한 광고 대행사를 선택해서 맡기는 것이 속편하고, 시원하게 효과를 볼 수 있다. 결국 마케팅을 모르는 초보 창업가가 선택할 수 있는 방법은 두 가지다. 확실한 마케팅 멘토를 만나 배우든지, 확실한 광고 대행사를 선택하든지이다. 자금이 충분하다면 광고 대행사에 맡기는 것이 가장 속편하다. 아이템만 어느 정도 받쳐준다면 크게 힘들이지 않고도 매출을 올릴 수가 있다. 좋은 광고 대행사를 선택하는 방법은 일단 전화로 광고 대행을 제안하는 곳은 피하는 것이 좋다. 그리고 믿을 만한 곳인가 잘 살펴봐야 한다. 광고비만 받아놓고 나 몰라라 엉터리 작업을 해주는 업체들이 허다하다. 해당 광고 대행사의 상호명을 인터넷에 검색해보면 업체의 실태를 파악할 수 있다. 하지만 인터넷 검색결과에서 해당 업체의 좋은 후기만 있다고 해도 좋지 않은 업체인 경우도 있으니 조심해야 한다. 이렇게 말하는 나도 광고 대행사에 수백만 원 정도 떼인 경험이 있다. 많이 당하면 다음에는 더 좋은 업체를 선택할 수 있는 눈이 길러지기는 하지만 괜한 수업료를 지불할 필요는 없을 것이다.

나는 요즘도 힘들다고 하는 지인들이 있으면, 영업을 도와주곤 한다. 스승님 중 한 분은 학원을 운영하는데, 파리만 날리던 곳을 한 달도 안 되어 학생을 꽉 채워드린 적이 있다. 엉망인 상호명도 다듬어서 더 좋게 바꿔드렸다. 어떤 멘토를 만나느냐에 따라, 장사가 잘될 수도 있고 안 될 수도 있다. 물론 스승님께는 돈을 받지 않았지만 말이다. 그날 이후로 스승님은 나를 영업부장으로 쓰고 싶어 했다. 나는 함께하고 싶지만, 사업을 하는 관계로 함께하기는 힘들다고 말씀드렸다. 이런 말씀을 드린 이유는, 가족이나 스승이나 돈으로 엮이면 서운해질 수 있기 때문에 미리 방지하기 위해서였다.

일전에 카OO톡 기프티콘 시스템을 활용한 마케팅을 한 적이 있다. 카OO톡 기프티콘 시스템을 상업적으로 활용한 사람은 내가 국내 최초였다. 카OO톡이라는 메신저에는 기프티콘 선물하기 기능이 있다. 기프티콘이란, 피자, 초콜릿, 치킨 등을 시켜먹을 수 있는 쿠폰 같은 것이다. 나는 이런 기프티콘을 실제로 선물하는 것이 아닌, 가짜로 선물하는 것을 마케팅에 활용했다. 바로 카OO톡 기프티콘 낚시라는 것이었다. 검색해보면 어떤 것인지 나온다. 가짜 선물을 친구에게 보내고, 친구가 그 선물을 클릭하면 내가 지정한 페이지로 넘어가는 식이다. 나는 이 페이지에 내 상품을 넣었다. 이렇게 속았던 친구가 또 다른 친구에게도 나의 낚시 기프티콘을 보낸다. 나는 이런 식으로 일 방문자, 10만 명을 찍었다. 스승님이나 지인 몇 분에게 알려주었는데 반응이 좋았다. 하지만 이 영업 노하우를 밝히는 이유는 방문자 10만 명이 되어도 매출은 거의 일어나지 않았기 때문이다. 물론, 지인들도 그렇게 빛을 보진 못한 듯하였다. 10만 명이 본다고 한들 속았다고 생각한 방문자들은 바로 페이지를 이탈해 버린다. 나는 한동안 이 마케팅 때문에 특정 고객들에게 욕을 얻어먹었다. 이 걸로 돈을 벌지는 못했지만, 지인들에게 마케팅 전문가가 되어 있었다. 이때 중요한 것을 깨달았는데, 진정한 마케팅이란 많은 사람을 끌어 모으는 것이 아니라, 제대로된 고객 한 명을 찾는 것이었다. 이때 진지하게 나의 사업에서 아이템에 대해 생각해보는 시간을 가졌던 것 같다. "내가 파는 것은 무엇일까?" "나의 상품을 사줄 고객은 누구인가?" "나의 고객들이 원하는 것은 무엇일까?" 이런 질문들을 스스로에게 물어보면서 답을 찾았다. 생각해보면 나는 이미 답을 알고 있었는데, 여유를 가지지 않고 무작정 열심히 했던 것 같다.

워렌버핏 같은 위인들은 날을 잡아, 생각만 하는 시간을 갖는다고 한다. 업무에 쪼들려, 빨리 가고자 열심히 일을 하지만 결과적으로 휴식을 취하는 것보다 더 느릴 때가 있다. 마케팅도 무작정 열심히 하는 것이 아니라, 잠깐 쉬면서 전략을 고민해보는 것이 좋다.

마케팅은 다양한 방법이 있다. 앞에서 소개한 방법은 빙산의 일각에 불과하다. 어쩌면 일각이라는 표현조차 과분할 수도 있겠다. 방법이야 어떻게 되었든, 마케팅은 유행을 따라가지 않는 것이 좋다. 한정된 시장에서 다른 업체의 상품들과 유사한 콘셉트로 제품을 알리려고 한다면 크게 빛을 보기 어렵다. 요즘 같은 박 터지는 경쟁 시장 안에서, 조금 더 의미 있는 경쟁을 하기 위해서는 차별화된 콘셉트가 필요하다. 이렇게 고민해서 만든 콘셉트의 상품에 스토리를 입힌다면 금상첨화이다. 불과 몇 년 전까지만 해도 동일한 상품이나 유사한 상품의 가격 차가 많이 났었다. 하지만 요즘은 판매자가 너무 많아져서, 박 터지는 경쟁을 해야 하기 때문에 가격 경쟁만으로는 답을 얻을 수가 없다. 오히려 가격 경쟁을 한다면 동종 업계의 업체들에 미움을 받게 될 뿐이다. 나도 똑같은 물건을 더 저렴하게 판매하는 사람들이 얼마나 밉던지, 실제 장사를 해본 사람만이 이해할 수 있다.

가격 경쟁이 아닌 다른 것으로 승부를 봐야 한다. 가격 경쟁은 모두가 멸망하는 지름길이다. 나는 마케팅을 정체성을 찾아가는 과정이라고 설명하기도 한다. 오랫동안 장사를 하다보면, 시간이 지날수록 자연히 진성고객이 쌓이기 마련이다. 그렇기 때문에 모든 사람을 나의 고객으로 생각하지 않아도 된다. 10명의 고객 중 1~2명이 결국 대부분의 매출을 만들어주기 때문이다. 아무리 좋은 상품이라도 모든 사람을 만족시킬 수는 없는 법이다. 그러므로 우리는 그 1~2명에게만 집중하면 된다. 오히려 시간도 더 적게 들어가고, 편하게 장사를 할 수 있는 것이다.

고객에게 진실하게 다가가자. 나의 상품은 진실해야 한다. 고객은 똑똑하다. 아무리 어린 친구들이라도 진심으로 대하지 않으면 나중에는 결국 알아차리게 된다. 영업이든 마케팅이든 결국 고객 한 명이 재구매와 소개를 하는 식으로 추가 매출을 일으켜줘야 성공할 수 있다. 정말 어렵다면 나에게 도움을 요청해도 된다. 물론 비용은 있다. 저렴하진 않다. 명품은 저렴하지 않아도 사람들은 비싸다고 생각하지 않는다. 그만큼의 가치를 하기 때문이다.

나는 광고대행 업체들도 상당히 많이 알고 있는데, 정말 여러분에게 도움이 될 업체는 소수에 불과하다. 책임감을 가지고 있지 않은 대행 업체에 맡기면 돈만 날린다. 확실히 제대로 된 대행 업체에 마케팅을 맡겨야 더 빨리 사업을 성장시킬 수 있다. 마케팅에 돈을 많이 쓰는 것에 대해서 창업가들이 많이들 두려워한다. 물론 확실한 방법이 없고 소득이 저조할 때에는 어느 정도 자제를 해야겠지만 빠른 성장을 하기 위해서는 마케팅에 돈을 쓸 필요가 있다. 나는 200만 원 정도의 현금 이벤트를 한 적이 있다. 당첨이 되면 1만 원씩 주겠다는 내용의 이벤트였는데 200만 원을 써서 그달 200만 원을 더 벌었다. 본전인 셈이기 때문에 '하나마나 똑같지 않은가?'라고 생각할지 모르겠다. 하지만 엄연히 말하면 다르다. 돈은 더 벌지 못했을지언정 고객들에게 우리 제품의 가치를 전달한 셈이기 때문이다. 이러한 것을 보면 마케팅 비용을 써서 본전만 치더라도 이득이라는 것을 알 수 있다. 교육도 그렇지만 많은 창업가들이 미래에 대한 투자에 돈 쓰기를 두려워 한다. 분명 자금이 들어가는 부분은 조심할 필요가 있지만 빠른 성장을 위해서는 투자가 필수적이다. 초기에는 어쩔 수 없는 것이 사실이다. 그래서 초기에는 어느 정도 소득을 올리고, 소득이 어느 정도 올라오면 그것으로 미래에 투자해야 한다.

'적당히'라는 말이 세상에서 가장 어려운 말인 것 같다. 여기까지 내가 알려드렸던 마케팅 전략만 잘 세우더라도 어느 정도 안정적인 창업을 할 수 있을 것이다. 여러분은 행운아다. 나의 이야기를 듣고 고민만 하더라도 수천만 원, 수억 원 이상을 낭비하지 않아도 되기 때문이다.

기초적인 것이라고 하더라도 마케팅 전략을 한 번 더 고민해서 창업한다면 좋은 결과를 얻을 수 있을 것이다.

나만의 99.9%
스트레스 박살내는 비법

세상에 스트레스를 받지 않고 살아갈 수 있는 사람이 과연 몇이나 될까? 여러분은 하루에 얼마나 많은 스트레스를 받고 있는가? 아마 여러분도 창업을 하게 되면 극심한 스트레스에 시달릴 때가 올 것이다. 저주같이 들리는 이 말이 빗나가는 경우를 아쉽게도 본 적이 없던 것 같다. 자동차 사고가 나는 경우도 그러하듯이 사업을 할 때에도 내가 잘못한 것이 아닌데 사고가 생기는 경우가 허다하다. 실수라면 용서라도 해줄 수 있지만, 아쉽게도 그런 순정만화는 기대하기 힘들다. 사업이란 본인들의 이득에 의해서만 움직이는 짐승들의 경주다. 경쟁사에서 훼방을 놓는 것은 애교이고, 거래처에서 돈을 받은 후 갑자기 갑질을 해댄다. 책임감이라고는 찾아볼 수가 없는 사업가들이 많다. 내가 사업가라고 하는 사람들의 모임을 싫어하는 이유 중 하나다. 물론 사업가만 그런 것도 아니다.

  고객들 중에서도 진상이 많다. 한 번은 제품에 문제가 있는 것도 아닌데 교환 신청한 고객이 있었다. 실제 구매자인 본인 누나가 불안해한다면서 사정사정해서 정상제품을 먼저 바로 보내주었는데 교환 제품을 일주일째 안 보내주는 것이었다. 그래서 해당 고객에게 전화를 걸었더니, 하는 소리가 "계속 이러시면 부담스럽습니다"라고 하는 것이다. 문제 제기된 제품을 먼저 받고 확인 후, 정상 제품을 보내주는 것이 원칙인데 그것을 어긴 내 잘못이었다. 그 뒤로는 절대 내가 정한 원칙, 업계의 원칙을 어기지 않는다. 또 이벤트 신청을 직접 해놓고 개인정보보호법을 들먹이며 돈을 뜯어내려는 사람도 있었다. 수단과 방법은 다르지만 가끔 소름이 돋을 정도다.

  사업을 하면서 안 미치는 것이 이상할 정도라는 생각을 가끔 하곤 했다. 더욱이 내일 굶어죽어도 부끄러운 짓은 하지 말자라는 원칙으로 살아왔기 때문에 더 그랬다. 나의 신념만큼이나 사업하면서 받은 상처가 컸다. 원래가 정신병 환자였던 나에게 더 자극적이었다. 물론 대놓고 사기치는 업자들에 비하면 애교였지만 말이다. 정직하게 사업하는 사람들 중에서 사회에 불만이 전혀 없는 사람도 드물 것이다. 사업만 이랬을까? 일반 인간관계에서도 스트레스 받을 일이 얼마나 많던가. 특히 돈 빌려 달라는 거지들이 왜 이렇게 많은지. 돈 빌려달라는 이유가 가지각색이다. '아니 머리가 그렇게 안 돌아가나?' 싶을 정도로 이상하게 돈을 벌려고 하는 사람들이 있다. 착한 척은 얼마나 많이 하는지 참 눈살이 찌푸려진다. 이런 세상에서 스트레스를 안 받는다는 자체가 거짓말이다. 나에게는 사회가 전쟁터와 다름이 없기 때문이다. 지옥 같은 세상에서 고통을 받으니 차라리 인생을 포기하는 것이 낫겠다는 생각을 수만 번도 넘게 했다. 나로서는 스트레스를 다스리는 방법이 절실하게 필요했다. 많은 정신과 의사들을 찾아다니고, 그들이 지어준 약을 먹어도 소용이 없었다. 물론 정신과 의사 분들이 똑똑하고 훌륭한 분들이지만, 오히려 내가 돈을 주고 상담해주고 있다는 느낌이 강하게 들기도 했다. 나는 진정제가 필요한 것이 아니라 분노, 우울감 자체를 지워버리는 것이 필요했다. 불은 완전히 꺼야지 당장에 겉에 보이는 불만 끈다고 문제가 해결되는 것이 아니다.

사기꾼들이야 본인들은 크게 상처받지 않을 테지만, 양심을 지키고 사는 사람들은 상처가 클 수밖에 없다. 당하는 것도 한두 번이지, 지속되면 안 미치는 사람이 없을 것이다. 사업을 하면서 받는 스트레스도 사업을 안 해본 사람은 모른다. 사업을 해보지 않은 사람들은 그냥 피해자들이 어리버리해서 사기를 당하고 스트레스를 받는다고 생각하겠지만 오산이다. 누구라도 사업하면 사기를 당하고 스트레스를 받는다. 정말 한 번 이상은 당한다. 나도 수십, 수백 번 이상 사람들에게 데였지만 미리 겪은 것이 오히려 다행이라고 생각한다. 평생 사기라는 것을 당하지 않다가 가정이 있는 상태에서 사기를 당하고, 재산 날려먹고 하면 답이 없는 것이기 때문이다. 재산이 1,000억 원이 있는 사람도 당하고 월 수천만 원, 월 수억 원을 버는 사람도 당한다. 월 500만 원 벌 때, 4만 원을 떼일 뻔한 적이 있는데 그 별 것 아닌 돈으로도 스트레스를 엄청 받았었다. 사실 술값으로는 하루 몇 십만 원 써도 안 아까워도 사기꾼 거지들의 배를 불려줬다는 생각에 너무 화가 나는 것이다. 요즘은 1만 원만 떼여도 고소고발을 하지만 그때는 그런 생각을 못했다. 여유가 없었던 것이다. 하지만 이제는 무조건 법적으로 해결한다. 내가 떼인 것은 1만 원이지만 이 사건으로 인해서 스트레스와 시간적인 낭비가 생기기 때문이다. 사기꾼들은 그냥 두어서는 안 된다. 나라가 법적으로 해결해주지 못하니 내가 알아서 처리를 해야 한다. 적어도 한국에서는 아는 것이 정의다.

어떤 대상에게서 받은 스트레스는 그 대상이 마땅한 처벌을 받았을 때 확실히 풀리게 된다. "치료를 받아 봐라", "약을 먹어라" 이런 것은 두 번째 문제다. 그렇게 해서 스트레스가 확실히 다스려졌다면 세상에 정신병 환자는 존재하지 않아야 한다. 나는 스트레스 때문에 인생을 포기하려고 했던 사람이다. 평범한 사람들은 우리를 이해하지 못한다. 그들은 우리처럼 마음이 아파본 적이 없었기 때문에 우리를 이해하지 못하고 조롱하는 것이다. "진짜 죽을 거라면 진작에 이 세상 사람이 아닐 거다"라고 말하는 사람들 중에 정말 힘들어서 죽으려고 했던 사람은 없을 것이다. 그들은 차라리 죽는 것이 나을 것 같은 느낌을 가져본 적이 없는 것이다.

나는 정신과 치료, 약 처방뿐만 아니라 최면 치료까지 받아 보았는데, 사실 거기서 거기였다. 그나마 나았던 것이 호오포노포노였는데, 그것도 일시적일 뿐 나에게 큰 효과를 가져다주지는 못했다. 화가 난 상태에서 술을 마시는 것도 마찬가지였다. 일시적일 뿐이지 나에게서 사라지지 않았다. 정말 분노가 극에 달했을 때, 나에게 가장 큰 효과가 있었던 것은 잠을 자는 것이었다. 옛말에도 잠이 보약이라는 말이 있듯이 잠을 자면 화가 난 상태가 깔끔하게 정리되어 있다.

나는 화가 나면 안 좋은 생각들이 연이어서 떠오르는데 관련이 없는 나쁜 기억들까지도 떠오른다. 그래서 조그만 자극에도 물건을 때려 부쉈다. 사람을 못 때리니 물건들을 부수는 것이었다. 하지만 잠을 자면 화가 난 상태를 진정시킬 수 있다는 사실을 안 이후부터는 다른 사람들이 눈치채지 못할 정도로 화를 잘 컨트롤한다. 예전에는 정말 화가 나면 주변 사람들이 감당 못할 정도였다. 이랬던 내가 화가 날 때마다 잠을 자니, 더 이상 화가 나지 않게 되었다.

우리 몸은 정말이지 신비롭다. 어떤 약을 먹는 것이 아니라 잠을 잤을 뿐인데 마음이 진정되니까 말이다. 우울한 것도 똑같다. 그렇다고 내가 분노를 잘 컨트롤할 정도로 수준이 약했던 것이 아니다. 손과 발의 뼈가 골절될 정도로 벽을 치기도 했다. 하지만 내가 극단적인 선택을 하지 않을 수 있었던 이유는 '목표'와 '사랑' 때문이었다. 한때 인생을 포기할까도 생각했던 내가 확실히 말할 수 있는 것은 살다 보면 행복한 날도 반드시 온다는 것이다. 죽을까를 고민하던 순간에 이런 생각이 떠올랐다. '지금 내가 죽으면 가장 기뻐할 사람은 나의 원수들이다', '지금 내가 죽으면 가장 슬퍼할 사람은 내가 사랑하는 사람들이다'라고 말이다. 나는 억울해서라도 버텼다. 사실 스트레스를 안 받으면 가장 좋겠지만 안 받으려면 사람과 교류를 안 하는 수밖에는 없다. 하지만 거의 불가능한 일이니 어쩔 수 없는 것이다. 물론 스트레스를 주는 대상이 사라지게 된다면 정말 좋겠지만 그런 것은 위험한 생각이다.

피할 수 있으면 피해라. 직장이나 학교를 옮기면 된다. 요즘처럼 기회가 많은 세상에 스트레스를 버티면서 학교나 직장을 다니는 것은 어리석은 짓이다. '이게 무슨 헛소리냐'라고 할 수도 있지만 꽤나 효율적인 처방이라고 본다. 하다못해 고졸인 나도 잘 살고 있지 않은

가. 내 말을 듣고 외톨이가 되어서 취업이 안 된다면 나를 찾아와도 좋다. 세상에 널린 것이 일자리니까 말이다. 역사상 위대했던 인물들만 봐도 사회 부적응자가 많다. 나를 포함해서 말이다. 누군가에게는 이 조언이 큰 도움이 되리라고 생각한다. 세상은 우리를 이해해주지 못해도 아파본 사람은 아픈 사람을 이해할 수 있다. 내가 아파봤기 때문에 하는 말이다.

마지막으로 스트레스를 다스리는 방법 중 하나는 기도를 하는 것이다. 기도하자. 나의 비밀스러운 일을 가지고 기도하자. 누군가에게 고해성사를 하라는 말이 아니다. 누군가에게 비밀을 말해 버리면 약점이 잡히게 된다. 아무도 없는 곳에서 기도하자. 그리고 감사하자. 여러분을 위한 방법이다. 모든 것을 해결해줄 수 있는 슈퍼맨과 같은 능력자에게 말한다고 생각하면서 기도하자. 그리고 그 슈퍼맨은 선하고 너그러운 분임을 믿고 기도하자.

나는 스트레스를 풀기 위해 정말 많은 해소법을 연구했는데, 위의 방법들이 그나마 나은 방법들이었다. 나에게 그랬듯이 여러분에게도 도움이 되기를 바란다.

상위 1%만 알고 있는
부와 성공의 법칙

많은 청년들의 소망은 대부분 부자가 되는 것이다. 청년들은 연봉이 높아야 남들보다 더 빨리 부자가 될 수 있다고 믿는다. 하지만 꼭 수입이 커야만 부자가 될 수 있는 것은 아니다. 언젠가 흥미로운 기사를 본 적이 있다. 할머니가 리어카로 사과를 팔아서 번 돈 수백억 원을 기부했다는 내용이었다. 수백억 원? 나는 처음에 말도 안 된다고 생각했다. 할머니 연세가 있다지만 수백억 원을 벌려면 리어카 장사로는 택도 없을 것이기 때문이다. 수백억 원이라니 감이 오는가? 사실 모두가 억대 연봉하지만 억대 연봉자라고 하더라도 최소 100년 이상은 안 쓰고 모아야 수백억 원을 모을 수가 있다. 많아봐야 일반 직장인 수준의 소득이었던 할머니는 어떻게 수백억 원 부자가 되었을까? 바로 부동산이었다. 할머니는 여윳돈이 생길 때마다 틈틈이 부동산에 투자를 하셨다. 할머니가 투자한 부동산은 인플레이션을 훨씬 웃도는 수익률을 안겨 주었고, 결국 할머니는 수백억 원대의 자산가가 되었다. 나는 이 기사를 보고 재테크를 해야 하는 이유를 알게 되었다. 글만으로는 다 설명 못하겠지만 내가 공부해서 터득한 재테크 비법을 풀어보고자 한다.

목표를 세우자

재테크도 우리의 인생과 같이 목표를 세우고 진행하는 것이 중요하다. 실현 가능한 목표를 세워보자. 처음부터 너무 큰 목표를 세우게 되면 잦은 목표 달성 실패로 인해서 지치게 된다. 결국 안 하느니만 못한 목표 설정이 되는 것이다. 우선은 할 수 있는 한 최대로 목표를 설정해보자. 월 100만 원 버는 직장인이 처음부터 1억 원을 모으고자 한다면 쉽지가 않을 것이다. 처음 목표는 500만 원으로 잡아보자. 500만 원을 목표로 하는 사람에게 1만 원은 목표 금액의 0.2%나 되는 금액이라서 만 원짜리 한 장 쓰기도 고민될 것이다. 하지만 1억 원을 목표로 하는 사람에게 1만 원은 0.01%밖에 되지 않아서 비교적 낭비하기가 쉽다. 그러니 처음부터 1억 원을 모으겠다고 목표를 설정하는 것보다는 먼저 500만 원을 모아보자. 100만 원 월급을 아끼고 아껴서 500만 원을 모을 수 있는 사람은 3,000만 원도 모을 수 있고, 결국에는 1억 원도 모을 수 있다. 높은 산을 한 번에 오르려고 하는 사람들은 대부분 산을 오르는 데에 실패한다. 도중에 지치는 것이다. 하지만 등산을 좀 아는 사람들은 조금씩 전진하며 쉬어갈 줄 안다. 그래서 베이스캠프라는 말이 있는 것이다. 이렇게 등산 고수들은 베이스캠프를 치고, 쉬었다가 또 전진한다. 고수들은 이렇게 치밀하게 계획을 실천하면서 산을 오른다. 휴식을 취하는 것도 그들에게는 전략이다. 우보천리(소의 걸음으로 천리를 간다)라는 말이 있듯이 느리더라도 포기하지 않는다면 목표에 이를 수 있다는 것이다.

나에게 약속을 하자

매일매일 돈이 들어온다면 그렇게 기대되는 일이 없을 것이다. 사람치고 돈 싫어하는 사람이 없으니까 말이다. 우리가 회사에 다니면서 받는 월급도 한 달간 근무를 했기 때문에 주어지는 것이다. 땀 흘려 일하지 않은 사람에게는 월급조차 없다. 아무리 좋아하는 일을 하는 사람이라도 항상 일이 재미있을 수는 없다. 그렇지만 우리가 얻게 될 수입을 생각할 때 업무는 값진 작업이 된다.

삼국지에는 조조가 전투에서 패배한 후 부하들을 데리고 행군하면서 겪었던 문제를 해결한 내용이 나온다. 조조와 함께 도망가던 군사들이 갈증을 느끼고 있을 때, 조조는 군사들을 보고 외쳤다. "저 산 너머에는 매실나무가 있는데, 그 매실은 시고도 달아 갈증을 해결할 수 있을 것이다"라고 말이다. 군사들은 매실을 생각하면서 침이 나왔고, 갈증을 느끼지 않게 되었다. 그리고 얼마 지나지 않아 물이 있는 곳을 찾았다는 내용이다. 조조는 정말이지 머리가 비상한 영웅이다.

우리도 우리 자신에게 이런 희망적인 약속을 하자. 재테크에 있어서 우리가 설정한 목표를 자신과 가족들에게 약속을 하자. 구체적일수록 좋다. "나는 앞으로, 언제까지 이런 것을 하려고 한다. 그렇게 되면 3년 후에는 무엇을 할 것이고, 10년 후에는 무엇을 할 것이다"와 같은 식으로 말이다. 종이에 적어서 잘 보이는 곳에 붙여두거나 휴대폰 배경화면에 설정해서 자주 보자. 마음을 다잡을 수 있을 것이다. 이런 희망적인 약속은 우리를 더 노력하게 만들고 지치지 않게 한다. 이러한 약속을 하는 방법은 사람마다 다를 수 있을 것이다. 예를 들어 "앞으로 1년 안에 20평대의 오피스텔을 매입하기 시작하고, 이후 2년 안에 월세 1,000만 원이 나올 정도로 투자를 해서 부모님께 드리겠다"라는 식이다. 또 이민을 가고 싶은 사람이라면 "앞으로 1년 안에 3,000만 원을 모으고, 주식을 시작해서 이후 3년 안에 1억 원을 모으겠다"라고 할 수도 있다. 어떤 약속이든 좋다. 안 하는 것보다 하는 것이 낫고 막연한 것보다는 구체적인 것이 낫다.

확실하고 구체적이고 실현 가능하면서 수치화할 수 있는 목표를 세우고 약속을 하자. 나는 매일같이 나 자신과 약속을 한다. 그래서인지 나의 삶은 활력이 넘친다. 나의 목표는 명확하며 매일 작은 목표들을 이루고 있다. 내가 나아가야 할 목표가 있기 때문에 자신감도 넘친다. 마인드가 강해지기 때문에 결국 모든 일이 잘 풀리고 있다.

종잣돈부터 모으자

사업을 하려고 해도, 투자를 하려고 해도 종잣돈이 필요하다. 나는 이 종잣돈의 기준을 3,000만 원 정도라고 정해두고 있다. 3,000만 원, 쓰기는 금방 쓰지만 모으기는 쉽지 않을 것이다. 단 1,000만 원만 모으더라도 3,000만 원은 금방 모을 수 있다.

종잣돈이라는 것이 없어도 돈을 굴릴 수는 있지만 안정적인 자산이라는 면에서는 꼭 필요하다. 갚을 필요가 없는 여유로운 자금은 심리적으로도 안정을 가져다준다. 나는 종잣돈을 가진 후에라야 남의 돈을 끌어다 쓸 수 있다고 말한다. 여기서 남의 돈이라는 것은 대출인데, 대출을 싫어하는 사람도 있을 것이다. 하지만 대출은 재테크에 있어, 떼려야 뗄 수 없는 관계다. 사실 재테크는 얼마나 자금을 빨리 많이 모으느냐의 싸움이다. 100만 원의 1% 수익률은 1만 원이지만 1

억 원의 1% 수익은 100만 원이다. 굳이 내 돈이 아니어도 규모만 키울 수 있다면 얼마든지 투자로 고수익이 가능한 것이다. 여기서 투자를 하는 데에 대출을 끼면 안 좋게 보는 사람이 있을 것이다. 하지만 시대가 달라졌다. 예전부터 화폐가치 하락은 재테크 분야에서 꽤나 이슈가 되고 있다. 너무나도 당연한 사실이지만 이것을 알고 있는 사람도 생각보다 많지 않은 듯하다.

쉬운 말은 아니지만 화폐의 가치가 금에 의해 보장을 받던 금본위제의 폐지로 인해서 화폐는 무한정 찍어낼 수 있는 것으로 바뀌었다. 원래는 금본위제로 인해서 달러 화폐를 금으로 돌려주어야 하는데, 금본위제가 폐지되고 나니 이제는 그냥 화폐를 막 찍어낼 수 있게 된 것이다. 시장구조상 화폐도 수요와 공급의 법칙에 의해 영향을 받게 되는데, 무분별하게 찍어져 나오는 화폐에 의해 화폐 가치가 자연히 하락한다. 더욱이 은행의 지급준비율이라는 시스템으로 인해 시중에 엄청난 화폐가 풀리고 있다. 예를 들어서 우리가 1,000원을 은행에 저금하면, 은행은 우리가 저금한 1,000원을 가지고 대출 장사를 해서 이자를 남겨 먹어야 한다. 우리가 은행에 저금한 돈을 찾으러 갔을 때, 은행에 돈이 없다면 은행은 우리에게 돈을 돌려주지 못하고 파산하고 말 것이다. 그래서 법적으로 지급준비율이라는 것이 있는데, 지급준비율은 우리가 은행에 1,000원을 저금했다면 은행이 1,000원을 모두 대출 장사를 할 수 있는 것이 아니라 7% 정도를 중앙은행에 맡겨두고 나머지 93%만 가지고 대출 장사를 할 수 있다.

　예금자 보호 차원인 지급준비율도 있지만 여전히 엄청난 돈이 시중에 풀리고 있다. 우리의 통장에는 여전히 1,000원이 찍혀 있고, 은행은 930원을 다른 사람에게 대출해줬다. 930원을 대출 받은 사람도 은행의 통장에 돈을 넣어놓고 카드를 긁는다. 은행은 이 930원의 93%도 또 다른 사람에게 대출해준다. 이 말은 우리가 1,000원을 저금하지만 시중에는 거의 몇 만 원이 풀린다는 이야기다. 실제로 엄청난 속도로 물가가 오르지 않은가? 월급은 얼마 오르지도 않았는데, 물가만 올랐다는 이야기가 여기에서 나오는 것이다. 보통의 사람들은 자기 자신의 주머니에서 돈을 빼내어 가야지만이 손해를 봤다고 생각하는데 자기들이 가진 돈의 가치가 하락하는 것에 대해서는 무감각한 것 같다. 오늘 우리가 가진 1,000만 원이 내년에 똑같은 가치의 1,000만 원이 아니라는 말이다. 우리에게는 이제 재테크를 하면서 대출을 받아야 하는 이유가 생겼다. 확실한 투자처가 있다면, 물가상승률과 비슷한 이자를 내어야 하는 대출상품은 보통 좋은 것이 된다. 하지만 현실에서 그런 좋은 조건에 많은 한도를 기대하기란 어렵다. 그래서 당장의 생활비로라도 3,000만 원이라는 종잣돈이 필요한 것이다. 3,000만 원이 적은 돈 같지만 사실 많은 것을 할 수 있는 돈이다.

여러분이 만일 창업을 준비하고 있다면 경우에 따라 직장인과는 비교할 수 없을 정도로 빨리, 더 많은 종잣돈을 만들 수가 있다. 우선은 이 종잣돈을 모으는 것이 재테크의 핵심이라고 할 수 있다. 지금 돈 몇 푼 아낀다고 해결될 문제가 아니고, 우리의 사업소득을 기하급수적으로 늘려보자.

재테크에 왕도는 없다

지금도 많은 강사들이 재테크를 교육하고 있다. 서점에 가면 정말 수많은 재테크 관련 책들이 쏟아져 나온다. 무엇이 진짜일까? 정답이 무엇일까? 고민이 많을 것이다. 은행에 예금만 해도 이자가 10%가 넘어가던 시절에는 무작정 돈만 모아도 중박은 쳤다. 하지만 이제는 그럴 수가 없다. 은행에 예금만 한다고 해서 될 것이 아니라는 말이다. 오히려 인플레이션 상승률을 따라가지 못하는 예금 이자에 우리의 재산이 사라지고 있는 것이다.

혹자는 잔돈만 생기면 다시 꺼내기 힘들게끔 옷장에 던져 넣거나 숨겨놓고 잊어버린다고 한다. 쉽게 찾지 못할 정도로 말이다. 나중에 이사를 하게 될 즈음 돈을 찾게 되는데, 이것만으로 이사 비용은 통칠 수 있다고 한다. 돈을 쓰고 싶어도 강제적으로 못 쓰게 되는 기발한 방법이긴 하지만 그동안의 인플레이션을 따지고 본다면 좋은 방법은 아니다. 이사는 대부분 몇 년이 지나야 할 수 있는데 그때까지 화폐가치만 하락하기 때문이다. 사실 이 책도 억대 연봉이 핵심 키워드이지만 당시에야 큰 금액이었지, 요즘에는 그렇게 큰 금액이 아니다. 아마 직장인 평균 연봉이 억대 연봉인 시대도 올 것이라고 본다. 화폐는 그 자체로 있으면 가치가 하락하게 된다. 인플레이션은 매년 진행되기 때문이다. 돈을 찾기 어렵게 던져두는 것보다 은행에 적금을 넣는 것이 나을 것이다. 차라리 손해라도 덜 보니까 말이다.

채권에 투자하는 것도 좋은 방법이다. 채권이라고 하면 대개 위험하게 보는 경향이 있는데, 아니다. 채권 중에는 안전한 채권이 많다. 나는 국채를 선호하는데 매일 이자가 붙고 현금 유동성도 좋은 편이다. 이자는 적금에 못 미치거나 비슷하다. 하지만 예금자보호법으로 원금보장을 받을 수 없다. 이외 재테크 수단으로는 주식과 부동산, 외화, 금테크 등이 있다.

부동산 투자

부동산 불패, 정말 실감하고 있다. 부동산은 똑같은 것이 없기 때문에 하나 하나가 다 한정판이다. 똘똘한 것 하나 사놓으면 재테크 끝이다. 인플레이션을 이기는 자산 중에 대표적인 것이 바로 부동산이다. 다만, 초보들에게는 투자를 권하지 않는다. 굳이 부동산 투자에 대해 배우고 싶다면 얼마든지 도와줄 생각도 있다. 시대가 변할 때마다 재테크 방법도 조금씩 변하는 것을 느낀다. 재테크에는 정말 왕도가 없다. 그저 수익이 나면 그것이 정답이다. 사실 이것 외에도 재테크 방법은 무수히 많다. 그리고 개인에 따라 맞는 재테크 방법이 있고, 맞지 않는 재테크 방법이 있다. 그렇기 때문에 하나씩 해보는 것을 추천한다. **재테크 방법이 100가지라도 1가지도 제대로 실천해보지 않으면 소용이 없다. 실천해봐야 나에게 맞는 재테크 방법을 찾을 수 있는 것이다. 한 살이라도 젊을 때 시작하자.**

밑바닥 인생에서 '30배' 성장하는 자기계발 필살기

요즘 청년들 사이에서는 자기계발 열풍이 불고 있다. 좋은 현상이라고 본다. 청년들은 지금 미래를 준비하지 않는다면 후회하게 될 것이다. 2030 참 좋은 시기이다. 저명한 경제 연구인, 이영권 박사는 말했다. "향후 50년이 한국 2,000년 역사상 가장 좋을 것이다." 과거에는 불가능했던 일들이 이제는 가능하므로, 얼마든지 희망이 있다. 아마 향후 몇 년간은 더 많은 자수성가 부자들이 생겨날 것이다. 우리는 인류 역사상 가장 성공하기 좋은 시기에 살고 있기 때문이다. 할아버지와 아버지 세대에는 경험하지 못했으리라. 일흔 넘은 할아버지들도 자기계발하는 시대에 여러분은 아주 빠른 것이다.

자기계발도 올바른 방향을 잡고 하는 것이 좋다. 이상한 인맥이나 많이 모으는 것이 자기계발이라고 한다면 오산이다. 간혹 인맥과 성공을 연관 지어서 말하는 사람이 있다. 관련이 어느 정도 있을 수는 있지만 나의 경험상 크게 와닿지는 않는다. 본인이 능력이 있어서 성공을 하는 것이지 다른 사람에게 의존해서는 안 되는 것이다. 남들이 나의 인생을 대신해서 살아주지 않는다.

어떤 명분을 가지고 나에게 이유 없는 친절을 베푸는 사람은 사기꾼일 확률이 높다. 실제로 인맥을 중요하게 여기는 사람치고 놀라울 정도로 성공한 사례를 본 적이 없다. 장사에서 어느 정도 인정을 받는 나도 개인 폰으로 연락하는 사람은 수십 명에 불과하다. 말이 수십 명이지 자주 연락하는 사람은 언제나 3명 이내이다.

내가 창업교육을 하던 시절, 가장 고통스러웠던 것이 문자로 연락하는 것이었다. 전화는 더 괴로웠다. 컨설팅비로 몇 십만 원씩 받고 하는 일이라도 그냥 안 하고 싶었다. 그래서 최대한 직원에게 맡겼다. 1,000명의 인맥이 있다고 하더라도, 분명히 친한 사람과 친하지 않은 사람으로 나뉜다. 그중에는 결혼한다고 청첩장 날리고, 누가 돌아가셨다고 부고 문자만 날리는 인맥도 있을 것이다. 말이 좋은 것이지 결국 돈 달라는 말이다.

사업자 모임에서 잠깐 스쳤던 사람이 있다. 얼마 되지 않아서 부고

문자를 보내왔는데, 그렇게 눈살이 찌푸려질 수가 없었다. 소중한 사람을 잃은 것은 유감이지만 딱 한 번 스친 인연인데 갑자기 연락해서 참……, 구걸로밖에 느껴지지 않았다. 사업자 모임에 특히 그런 사람이 많다. 정말 어울리고 싶지 않은 사람들이다. 여자도 아니고 남자끼리 한 시간 이상 전화 붙들고 있으면 기분이 썩 좋지는 않다. 이런 사람들은 또 잘 삐친다. 쉽게 떠나갈 유형의 사람인데 굳이 귀한 시간 들이기가 아깝다. 이런 사람들까지 진짜 인맥이라고 할 수 있을까 싶다. 나는 웬만큼 마음에 드는 사람이 아니라면 굳이 가까이 하지 않는다. 사람에 따라서는 연락을 잘 하지 않는 사이라도 필요할 때 도움을 받을 수도 있을 것이다. 하지만 자기계발을 열심히 하다보면 어느 순간 그럴 필요가 없어진다. 더욱이, 나는 사람을 보기에 앞서 영양가의 정도를 저울질하기가 싫다. 아무리 도움이 되는 사람이라도 성격이 개판이면 만나지 않는다. 그리고 나를 진정으로 좋아하는 사람이 아니면 굳이 시간을 내서 만나지 않는다. 왜 나를 좋아하지도 않는 사람을 만나는 데 소중한 시간을 써야 될까 싶다.

인맥관리를 자기계발로 보기 시작한다면 집착하게 되는 경우가 생긴다. 수천 명의 인맥이 부러울 수 있다. 열심히 누군가를 만나고, 모임에 나가서 번호를 교환하기도 한다. 하지만 그렇게 만나다보면 누가 누군지 기억조차 나지 않는 경우가 생긴다. 심각한 것은 가장 소중한 시간을 낭비하게 될 수도 있다는 것이다. 인맥을 만들고 관리할 시간에 나의 가치를 올릴 수도 있는 시간을 낭비하게 된다는 말이다. 휴대폰에 1,000명의 연락처가 있다고 한들 그들에게 여러분은 어떤 존재일까 생각해보자. 그들에게 여러분은 그렇게 깊은 의미는 아닐 것이다.

여러분은 인생의 기회를 날려버리는 실수를 하지 않기를 바란다. 진심 어린 마음을 나눌 수 있는 친구 몇 명이면 족하다. 과거의 나는 마음의 상처가 깊어서 친구 사귀기를 싫어했다. 하지만 현재 나에게는 진심을 나눌 수 있는 친구 3명이 있다. 나는 이것으로도 충분하다. 나처럼 친구를 만들려고 하지 않는 사람도 결국에는 친구가 생기기 마련이다. 어차피 생길 인연이라면 더 나은 인연을 선택해야 한다. 차라리 그 시간에 좋아하는 일을 하고 배우고 싶은 것을 배우자. 그 과정에서 나처럼 진정한 친구를 찾게 될 것이다. 내가 말한 인맥관리는 고객관리와는 또 다른 의미이니 오해가 없기를 바란다. 무엇이든지 적정한 수준이 있다. 자기계발로 인맥관리는 아니라는 것이다. 일을 하고 교육을 받아도 생기는 것이 인맥이라면 자연히 생기는 것인데 굳이 많은 시간을 낭비할 필요가 없다. 오히려 자연스럽게 일을 하며 만나는 사람들이 더욱 도움이 된다.

인생에서 가장 불필요한 인맥이 학교 동창인 경우가 많다. 연락하면 "돈 빌려 달라", "투자해 달라", "가입해 달라"고 하는 등 너무 쓸데없다. 정작 내가 힘들 때 외면할 사람이 99%라면 나는 1%에게만 집중하면 된다. 모든 것을 따져본다면 중심을 잡는 것이 중요하다. 방황하는 여러분에게 성공적인 자기계발 비법 5가지를 알려드리겠다.

1. 불필요한 관계를 끊자

앞서 말했던 인맥관리와 연결된다. 여러분이 친구라고 생각했던 사람들에게 여러분은 어떠한 존재일까 생각해보자. 우리는 인생을 살면서 다양한 인간관계에 엮이게 된다. 분명 그중에는 양아치, 쓰레기에 가까운 사람들이 섞여 있다. 이러한 일이 일어나는 것은 여러분의 운이 좋지 않기 때문만은 아니다. 누구나 겪는 일이지만 잘 대처하는 사람이 있고, 잘 대처하지 못하는 사람이 있을 뿐이기 때문이다. 여러분은 주변을 잘 살펴볼 필요가 있다. **여러분의 돈과 시간을 소중히 여기지 않는 사람과는 연락도 하지 마라.** 연락해서는 돈 빌려 달라, 투자해 달라, 가입해 줘라 등의 부탁만 하는 사람들도 버려라. 거꾸로 여러분이 돈을 빌려 달라고 해봐라. 나는 지인들에게 단 한 번도 돈을 빌리거나 지인 영업을 한 적이 없다. 나는 자존심이 상해서 누가 나에게 돈을 준다고 하는 것도 받지 않았다. 나는 지인들과 일절 돈 거래는 하지 않는다. 차라리 줬으면 줬지, 의가 상하기 마련이기 때문이다. 그리고 남에게 돈을 빌려줬을 때, 제때에 받은 기억이 없다. 돈을 빌려준 사람과 돈을 빌린 사람 중에 누가 더 위험할까? 돈을 빌린 사람은 잘 죽지 않는다. 돈을 갚아야 되기 때문이다. 하지만 가끔 뉴스를 보면 돈을 빌려준 사람이 살해를 당했다는 소식이 들려오기도 한다. 돈을 빌려준 사람이 죽으면 돈을 빌린 사람은 돈을 갚을 필요가 없기 때문이다. 아무리 친한 사이라도 얻어먹기만 하는 사람이라면 과감히 끊어라. 그것은 우정이 아니다. 그냥 여러분을 호구로 보는 것이다. 밥 2~3번 먹을 때까지도 여러분이 밥값을 내고 있다면 문제가 있는 것이다. 여러분이 이러한 불필요한 관계를 끊지 못하면 불행해질 것이다. 여러분의 시간과 자산을 좀먹고 있는 그들과 멀어지자.

자기 분야에 최고가 되고자 한다면, 아무리 성격이 좋아 보이더라도 목표가 없는 사람이라면 잠시 멀리할 필요가 있다. 나는 내가 좋아하는 사람이라면 목표와 능력을 주기도 한다. 친구를 결정할 때 기준을 높게 잡자. 어린 나이가 아닌 이상 사람은 변하지 않는다. 한 번 양아치는 끝까지 양아치다. 배신할 사람과 배신하지 않을 사람을 구분하자. 내가 그들을 어떻게 생각하는지도 중요하겠지만 그들이 나를 어떻게 생각하느냐가 더 중요하다.

여러분이 성공하고 싶다면 성공한 사람과 교제하라. 자주 만나는 사람이 여러분의 인생에 가장 커다란 영향을 미친다. 나는 친구들보다 스승님들을 자주 만난다. 긍정적이고 목표가 있는 사람들을 만나면 여러분의 인생이 활짝 피게 된다. 사람은 보고 듣는 것이 다이기 때문이다.

내가 운영하는 '자수성가 공부방'도 자수성가 부자를 꿈꾸는 열정적인 사업가들이 활발하게 활동 중이다. '자수성가 공부방'에서는 창업 13년 경력자인 필자의 자수성가 성공노하우에 대한 오랜 연구성과를 집대성한 고급 정보를 공유하며 함께 성장하는 열정적인 곳이다. 사업 경험 전무한 평범한 주부가 0원 계좌로 시작해 공개 코칭으로 창업 6달 만에 순수익 1천 만 원을 달성해 화제가 되기도 했다. 현재는 그 이상의 수입을 올리는 창업 성공 사례자들도 다수 배출하고 있다.

당신도 자수성가 부자가 되기를 간절히 꿈꾸는가? 월급만으로는 절대 부자가 될 수 없다. 퇴근 후, 하루 3시간으로 재택창업으로 성공해 돈과 시간의 자유를 만끽하며 멋진 퇴사를 준비할 수 있다. 네이버에서 '자수성가 공부방'을 검색해서 홈페이지와 카페에 회원가입 하면 시행착오 없이 가장 안적적으로 빠르게 자수성가 부자가 되는 다양한 직장인 재택창업, 투자, 재테크 노하우에 대한 13년 창업 전문가 제공하는 고급정보를 얻을 수 있다.

2. 모든 사람에게는 개성이 있다

목표는 많은 것을 참게 만든다. 목표가 있기 때문에 많은 것을 도전할 수 있다. 끊임없이 도전할 수 있는 원동력은 목표임이 틀림없다. 나는 열정이 목표에서 나온다고 확신한다. 한 치 앞을 내다볼 수 없는 안갯속을 걸어가는 것보다 지도를 펼쳐서 제대로 된 방향으로 간다면 느리더라도 더 빨리 원하는 지점에 도착할 수 있다. 속도가 중요한 것이 아니라 방향이 중요한 것이다. 크게 성공한 사람들은 매일 목표를 세웠다고 한다. 우리도 목표를 세워보자.

3. 나의 한계에 도전하자

우리의 한계를 어떻게 설명할 수 있을까? 여러분이 도저히 안 되겠다고, 불가능하다고 생각하는 것이 있을 것이다. 하고 싶은데 안 될 것 같다고 포기한 기억이 있다면 다시 한 번 도전해보자.

코끼리를 조련하는 방법 중에는 아기 때부터 다리를 밧줄에 묶어 놓는 것이 있다. 물론 아기 코끼리의 다리에 밧줄을 묶어 놓으면, 코끼리는 밧줄을 끊으려고 안간힘을 쓴다. 지칠 때까지 노력하다가 금세 포기하게 되는데, 코끼리가 성장하면 얼마든지 밧줄을 끊을 수 있는 힘이 생긴다. 하지만 코끼리는 더 이상 그 밧줄을 끊으려고 하지 않는다. 자신에게 밧줄을 끊을 힘이 없다고 생각하기 때문이다. *도전하면 자유를 누릴 수 있는데 시도조차 하지 않기 때문에 자유를 누리*

지 못하는 것이다. 여러분도 실패에 대한 두려움보다는 성공으로 가는 기회에 도전해보자. 실패하면 어떤가, 실패도 쌓이면 경험이고 성공이 된다. 희망을 가지자. 끝까지 도전하면 성공할 수 있다. 인디언들을 기억하자. 인디언이 제사를 지내면 하늘에서는 반드시 비가 쏟아진다. 무엇인가 능력에 의한 현상이 아니다. 인디언들은 비가 올 때까지 제사를 지냈을 뿐이다. 뿌리면 반드시 거둔다.

4. 경험이 재산이다

군대를 제대한 후, 나는 수중에 있던 3,000만 원을 주변에 뿌렸다. 나는 금방 빈털터리가 되었다. 하지만 나에게 커다란 재산이 있었는데 바로 경험이었다. 20대 때 나만큼 사업적 경험이 많은 사람도 드물었다. **자수성가의 경험은 돈으로도 바꿀 수가 없다.** 여러분도 경험을 많이 하길 바란다. 배우고 싶은 사람에게 컨설팅을 받고, 책을 읽고, 도전하자. 그리고 책 100권 읽는 것보다 한 번 저자를 만나는 것이 오히려 도움이 될 때가 있다. 우리 모두의 인생은 한정적이기 때문에 효율을 생각해보자. 이 책에 담긴 내용도 학창시절에 알았더라면 더 빨리 성장했을 것이다. 사람은 배울수록 일을 잘하게 되고 자신감이 생긴다. 배움은 여러분 자신을 더 사랑하게 만드는 과정이기도 하다. 자신감을 가지면 성공할 수 있다.

5. 열정을 가지자

나는 둔재로 태어났다. 하지만 나를 만나는 사람들은 대부분 나를 천재로 생각한다. 사람들이 보는 나의 결과 때문이기도 할 테지만, 그것만 보고 말하는 것은 아닐 것이다. 이제 여러분에게 진실을 말해주고 싶다. **원래 천재와 바보는 종이 한 장 차이다. 바보도 열정을 가지고 살아가면 얼마든지 천재가 될 수 있다.** 그런 의미에서 천재도 바보가 될 수 있다. 어머니 뱃속에서 나오자마자 제대로 된 말을 할 수 있는 아기가 있는지 생각해보자. 우리는 천재들의 비상함에 놀라워하기보다는 열정을 가져야 한다. 열정을 가지면 성공할 수 있다. 여러분도 열정을 가지길 바란다.

04

청년,
10미터만
더 뛰어봐

시련은
변형된 축복이다

초등학교 저학년 시절 나는 장난꾸러기 소년이었다. 아버지의 직업은 장의사였고, 나는 장의사가 어떤 직업인지도 몰랐다. 학교에서 단짝 친구와 블록으로 집을 만들 때였다. 친구에게 내가 하겠다며 "야, 내 말 들어. 우리 아버지 장의사해. 이거 내가 전문이야"라고 말했던 기억이 난다. 그 친구는 "야, 장의사는 건축하는 사람이 아니거든"이라고 말했던 게 생각난다. 난 그 말을 듣고도 우기면서 내 마음대로 행동했다. 참 무식했다. 나는 집으로 돌아오면서 생각했다. 장의사가 무엇일까? 부모님은 일터에 나가셨고, 마땅히 물어볼 사람이 없었다. 아니 생각이 없었던 것 같다.

하루는 짖궂은 여자 애가 우리 집으로 다른 친구들을 데려와서는 "봐봐 이 집, 얘가 사는 집이야!"라면서 장의사 집이라고 나에게 망신을 주었다. 쥐구멍이라도 있으면 숨고 싶었다. 우리 집은 장의사 집이기도 했지만 언제 무너져도 이상할 것이 없는 폐가였다. 천장 위에는 쥐가 뛰어다녔고, 천장이 내려앉아서 기둥에 나무조각을 덧대어 놓았었다. 예전에 무너졌을 것을 간신히 버티고 있었다. 무엇보다 위생이 좋지 않아서 항상 비염을 달고 살았다. 대문 앞에는 '장의사'라고 큼지막하게 적혀 있었다. 그날부터 나는 수업을 마치면 학교를 나와서 집으로 재빨리 뛰어갔다. 가난한 장의사의 아들이라는 것을 친구들에게 들키는 것이 부끄러웠던 것이다.

학교를 가려고 집을 나설 때에도 마찬가지였다. 집을 나설 때 주변에 아는 사람이 있진 않은가 확인하는 것이 필수 과정이었다. 어느날 좋아하던 여자친구가 우리 집 앞에서 누군가를 기다리고 있었다. 나는 그 친구가 갈 때까지 근처를 서성이면서 집에 들어가지 못했다.

어느 날이었다. 수업이 끝날 때쯤 같은 반 Y라는 친구가 나에게 과자와 편지를 주었다. "니가 웬일로 먹을 것을 선물하냐"고 감동했는데, 편지를 보니 사귀자는 내용이었다. 이성에게 고백을 받아보다니 너무 신선했다. 그날 밤 나는 집에서 많은 생각을 했다. 행복했다. 나는 답장을 썼다. 내 마음은 이미 고백을 받아준 상태였고 최대한 유식해보이려고 한글과 한자, 영어를 섞어서 편지를 쓰기 시작했다.

그날로부터 내 생에 첫 연애를 시작했다. 하지만 나는 연애를 시작하고 나서 11개월 동안 부끄러워서 제대로 말도 나누지 못했다. 당연히 손도 안 잡았다. Y에게 괜히 미안한 마음이 들었다. 나는 가난한 장의사의 아들이었다. 이도 저도 아닌 관계로 인해 Y가 헤어지자고 했다. 남자답지 못한 나 자신이 미안했다. 하긴 성인들조차 돈이 없으면 소극적으로 되는데 어린아이였던 나를 이해 못하는 건 아니다.

나는 이때 깨달았다. 사랑도 돈이 있어야 한다는 것을 말이다. 부끄러운 내 모습을 남들에게 보이기 싫어서 외출하기가 무서웠다. TV만 보며 자랐던 어린시절이 허무하기만 하다. 이런 생각이 들 때마다 돈을 많이 벌어야겠다고 다짐했다. 어린시절 가난해서 누리지 못했던 것들을 몇 배로 보상받고 싶었다. 부끄러워서 외출하기 힘든 환경에, 집에서 공상에 빠져 하루를 보내곤 했다.

어쩌면 내가 돈을 벌어보겠다고 악착같이 살아온 이유 중 하나는 어린시절의 가난 때문이었던 것 같다. 한 번쯤 있을 법한 학창시절의 아름다운 사랑이 나에게는 허락되지 않았다. 누려야 할 것들을 가난 때문에 누리지 못했다고 생각하니 억울했다. '그냥 평범하기라도 했으면……' 하는 생각이 나를 괴롭혔다.

친하게 지내던 친구 몇 명과 한 친구의 집에서 자게 되었는데, 늦은 밤 친구의 아버님이 들어오셨다. 친구 아버님은 술이 취하셨는지 친구들에게 "아버지는 뭐하시노?"라고 물어보셨다. 나에게도 물어볼까봐 나는 자는 척을 했다. '무엇 때문에 내가 이렇게 부끄러워해야 하는 걸까?' 나는 그날부터 친구들 집에 놀러가지 않았.

6학년이 되자, 순하고 착한 아이의 이미지를 갖게 되었다. 집이 부끄러워서, 나의 성격을 철저히 감춘 것뿐인데 말이다. 초등학교 시절을 생각해보면 친구들이 대부분 착했던 것 같다. 나를 좋아해준 그 친구들이 정말 고맙다.

그 시절 나는 주로 맨밥에 물을 말아 먹거나 라면을 끓여 먹었다. 정부에서 주는 쌀과 라면이었다. 어머니는 농사일을 하고 받은 돈으로 4남매를 키우셨다. 아버지가 남기신 수 천만 원의 빚을 감당해야 하는 것도 어머니의 몫이었다. 한때는 왜 나를 고아원에 버리지 않았느냐고 원망섞인 말을 하기도 했다. 가난한 장의사의 아들이 아니라, 그냥 고아로 자랐으면 나도 남들처럼 살았을 것이라고 말이다. 자식들만 바라고 사셨던 어머니의 가슴이 얼마나 아프셨을지 정말 죄송하다. 누가 뭐래도 지금의 내가 있게 한 건 어머님의 사랑이었다.

나를 죽이지 못하는 시련은
나를 더 단단하게 만든다

초등학교 시절만 해도 나는 꽤나 장난꾸러기였다. 선생님께서 나를 포기할 정도였는데, 실제로는 오죽했을까. 그렇게 나는 중학생이 되었다. 시골 학교이다 보니 대부분이 초등학교 동창이었다. 나는 여전히 집을 나설 때면 누가 볼까봐 뛰기 바빴다. 나는 시간이 갈수록 내성적으로 변했다. 친구들이 말을 걸어도 부끄러워 말을 하지 못했다. 집에선 TV나 컴퓨터를 하며 시간을 보냈다. 학교에서 억울한 일이 있어도 부끄러워서 말을 못하고 집에서 혼자 화를 풀곤 했다. 나는 폐가에 사는 게 너무 수치스러웠다. 그깟 부끄러움이 무슨 대수냐고 하겠지만 가랑비에 옷 젖듯이 수치스러운 것을 경험하면 다들 마찬가지일 것이다. 나이가 어릴수록 환경에 휘둘릴 수밖에 없다. 다들 힘들다고 하지만 결국 부자와 거지는 상대적인 개념이다. 이제는 집뿐만 아니라, 학교에서도 늘 쫓기는 느낌을 받았다. 그래서 조금이라도 다치거나 아프면 핑계삼아서 조퇴를 하곤 했다. 수업시간에는 모르는 문제가 있어도 선생님께 물어보는 것이 부끄러워서 질문조차 하지 못했다. 수업의 내용이 이해가 되지 않아서 자연스럽게 공부를 포기하게 되었다. 나는 그렇게 약하고, 조용하고, 공부도 못하는 아이로 학교생활을 했다.

학교에서는 내가 말이 없으니, 이상하게 보이지 않으려고 뭐라도 하는 척을 했다. 학창시절의 나는 실패한 인생 그 자체였다. 나는 인생을 다시 시작하고 싶었다. 다시 새롭게 태어나서 부잣집이 아니어도 좋으니까 그저 평범한 집에 태어나서 새로운 인생을 살고 싶었다. '나는 왜 이렇게 살아야 하는 것일까?' 너무 화가 나서 아무도 없는 방에서 벽을 치고 선풍기를 부수고 소리를 질렀다. 화풀이하다가 손이 다쳐 쉴새없이 피가 흘렀다. 학교에 가기가 너무 싫었다. 학교와 집을 오갈 때 너무 부끄러웠기 때문이다.

시간이 흘러 고등학교에 입학하게 되었고, 사회에 대한 분노는 점점 더 커져만 갔다. 어느날 학교에서 곧 수학여행을 가니 신청하라고 했다. 나는 선생님께 조용히 다가가서 "저희 집에 돈이 없어서 수학

여행을 못 갈 것 같습니다"라고 말했다. 선생님은 반 전체 아이들 앞에서 내가 돈이 없어서 수학여행에서 뺀다고 말했다. 그 얘기를 들었을 때는 정말 죽고싶을 정도로 창피했다. 돈이 없어서 졸업앨범을 살 수 없다고 했는데도 선생님은 억지로 사게 했다. 착한 학생으로 생활했지만 생활기록부에는 매우 안 좋게 쓰여 있었다. 선생님에게 배신감을 느꼈다. 선생님이라고 해서 모두가 공경의 대상이 아니라는 것을 알게 되었다. 맞는 것을 보고도 아무런 조치도 취하지 않는 선생님이었다. 그렇게 나는 점점 더 벙어리가 되어갔다. 군대보다 더 힘들었다. 하루하루 졸업만 기다리고 있었다. 차라리 왜 이때 자퇴를 하지 않았는지 아직도 후회가 된다.

고등학교 생활은 지옥이었다. 죽고 싶어도 죽지 못하고, 살아도 가난에 수치스럽고 힘든 나날뿐이었다. 이 모든 것이 꿈이기를 바랐다. 시간이 빨리 지나기를 바라서 틈만 나면 잠을 잤다. '반드시 성공한다'라는 다짐으로 살아온 것도 어렸을 때 마땅히 누려야 할 것을 누리지 못하고 살아온 나에 대한 보상심리 때문이었다.

어느날 친구의 권유로 교회에 나가게 되었다. 어느날 교회 모임을 위해 약속장소에 가게 되었는데, 그곳에 있던 전신거울에 비친 내 모습이 너무 초라해 보였다. 물려받은 옷도 없어서 우스꽝스러운 모양의 티셔츠를 입고, 무릎이 다 늘어진 바지를 입고 있었다. 피부는 관리하지 못해서 여드름 투성이었다. 내 모습이 너무 부끄러워 집으로 돌아갔다. 연락이 오면 잠을 자느라 늦었다고 거짓말을 했다.

  어느날 한 친구의 어머니께서 나를 부르시더니 옷을 여러 벌 선물해주셨다. 매일 똑같은 옷을 입고 다녀서 챙겨주셨던 것이다. 또 다른 형의 어머님과 교회 선생님도 나에게 용돈을 주셨고, 전도사님은 여행갈 돈이 없다고 하자 30만원이나 되는 돈을 주셨다.

  돌아보니 나도 많은 도움을 받고 자란 것 같다.

월급쟁이보다 10배 빨리 부자되는 쇼핑몰에 도전하다

얼마 전, 명절 전날에 술집에서 어릴 적 친구와 마주친 적이 있다. 나는 마스크를 끼고 그냥 지나쳤다. 어릴 적의 기억을 지우고 싶어서 이름까지 바꿨는데 아는 척할 수가 없었다. 고향 친구들에게서 나는 웃음거리밖에 되지 않았었기 때문이다.

나는 명절 아침, 어른들께 인사도 드리지 않고 고향을 떠났다. 장의사의 아들이라는 것도, 폐가에 사는 아이라는 것도 다 내가 원하는 것이 아니었다. 나는 철저한 루저였다. 차라리 학교를 다니지 말았어야 한다는 생각이 머릿속에서 떠나지 않았다. 그 시간은 그저 뼈아픈 과거일 뿐이었다. 고향 사람들이 알아볼 수 없게 새로운 삶을 살고 싶어서 이름도 바꿀 정도이니 말 다했지 않은가? 이런 생각이 들수록 돈을 벌어야겠다고 다짐했다. 학창시절 나의 꿈은 목회자였는데, 성공해서 부자가 되는 것으로 바뀌게 되었다. 성공해서 나 자신이 원하는 것은 무엇이든지 다 해주고 싶었다. 나는 고등학교를 졸업하자마자 장학금이 보장되었던 대학교를 포기하고 서울로 이사를 했다. 시골에서는 기회 자체가 없었기 때문이다. 정말 아무 것도 없는 시골이었다.

나는 맹모삼천지교라는 말에 공감하는 사람이다. 자타공인 대한민국에서 가장 성공하기 좋은 지역은 강남이 맞다. 초보 사업자일수록 강남이 최고의 지역이라고 생각한다. 나는 지방에 있을 때도 최소 월 1,000만원 이상을 꾸준히 벌었는데, 서울이었다면 4~5배는 더 벌었을 것이다. 지방은 제품을 구입할 수 있는 물량도 적고, 계약서 한 장 쓰려고 몇 시간을 이동하는 데 날려야 했다. 내가 지방에서 장사하는 게 너무 화난다고 푸념을 한 적이 있었다. 당시에 나더러 지방이 오히려 서울보다 장사하기 좋을 수도 있다고 말하는 사람들은 다 사기꾼들이었다. 보통 우울증을 앓고 있는 사람 중에는 나쁜 사람보다 착한 사람이 훨씬 더 많다. 정녕 바르게 살려했던 사람들의 잘못일까.

20살 때 나는 의류쇼핑몰을 준비하면서 관련된 업종에 취업해서 창업자금을 모으려고 했다. 당시 내가 뽑은 최고의 지역은 동대문이었다. 우선은 시골보다 훨씬 나았다. 지역 자체가 주는 기회를 무시하지 못한다. 지방에서 일을 했을 때, 자잘한 거래를 하려 해도 상대방이 서울 거주자일 확률이 높기 때문에 시골에서는 물건을 구하는 것조차 쉽지가 않았다.

고등학교 1학년 때 고깃집에서 아르바이트를 하기로 하고 첫 출근을 했다. 사장님은 나를 보더니 미안하다고 하셨다. 나와 약속한 임금보다 1/2 수준으로 일할 사람을 구했다고 하는 것이었다. 결국 나는 고깃집에서 아르바이트를 하지 못했다. 이렇듯 내가 살던 고향은 아르바이트조차 구하기 힘든 시골 동네였기 때문에 학교만 졸업하면 서울에 가서 성공하고 싶었다.

나는 나를 어린시절부터 힘들게 했던 것이 가난인 것을 알고 있었다. 고등학생 시절부터 학교 공부보다는 장사에 관심이 많았다. 읽은 책은 성공과 관련한 서적들이 대부분이었다. 주식, 부동산, 창업, 재테크 등, 도서관에 있던 돈에 관련한 책들은 모두 읽었던 것 같다. 그러다가 '부자가 되려면 사업을 해야 한다'는 것을 깨닫고 내가 무엇을 할 수 있는지 고민했다. 그때는 한창 쇼핑몰 스타들이 등장하고, 쇼핑몰 붐이 불던 시기였다. 쇼핑몰에서 피팅 모델들이 멋스러운 스타일로 차려입은 것을 본 나는 '이거야' 하면서 손으로 탁자를 쳤다. 패션 쇼핑몰을 하기로 하고 관련된 공부를 시작했다.

고등학교 졸업을 앞두고 나는 서울을 자주 오갔다. 서울에 완전히 정착하기 전에 쇼핑몰을 운영하고 있는 직장을 구하기 위해서였다. 자본금과 경험이 부족한 나로서는 창업하기 전에 거쳐야 할 필수 과제라고 생각했다. 어느날 대중교통으로 6시간이 넘는 거리를 이동해 이력서를 넣은 회사까지 찾아갔다. 그때 사실 회사에서는 입사지원서만 받고 연락을 주지 않고 있었다. 그런데 나는 열정이라는 강한 인상을 남기고자 6시간 동안 차를 타고 서울까지 갔던 것이었다. 집으로 돌아온 후 그 회사에서 연락이 오기만을 기다렸다. 하지만 그 회사에서는 떨어졌다는 통보조차 주지 않았다.

나는 김성은 사장님께서 쓰신 『나의 쇼핑몰 스토리』를 읽은 기억이 나서, 김성은 사장님이 운영하시는 '동대문 3B'에 장문의 편지를 보냈다. 나의 어려운 상황과 살아온 이야기, 마음가짐, 꼭 성공하고 싶다는 말과 함께 잘 살아보고 싶다고, 도와달라는 내용이었다. 안타깝게도 답변은 오지 않았다. 중간에 직원이 전달하는 것을 잊었던 모양이다. 당시 절박했던 나로서는 그것밖에 할 방법이 없었지만, 답이 오지 않았다고 해서 서운한 생각은 없다.

여러분 중에라도 목표를 이루기 위해 열심히 살아가고 있다면, 장사를 배우고 싶은 분이 있다면 나에게 도움을 요청해도 된다. 나는 거절하지 않을 것이다. 나 역시 그러한 경험이 있기 때문에 열정을

▲ 중앙일보 '2022 올해의 우수브랜드대상1위' 시상식이 진행된 메이필드호텔에서 '자수성가 공부방' 이승주 소장(좌)이 중앙일보 촬영팀과 수상소감 인터뷰 촬영 모습.

가지고 도전하는 사람이 있다면 좋게 보고 도와주고 싶다.

나는 사업을 하면서 누구의 도움도 받을 수가 없었다. 사기도 당하고, 하지 않아도 될 실수를 해서 오히려 더 많은 돈을 날리기도 했다. 요즘 억대 연봉하면 사실 명함도 내밀기가 부끄러운 수준이다. (거꾸로 말하면 당시에 억대 연봉과 요즘 억대 연봉의 차이는 크다) 나는 그 수준을 넘어서고 나서야 교육을 들으러 다니기 시작했다.

그런데 당시의 나에게 세상은 그저 약육강식의 생태계일 뿐이었다. 부모님의 이름을 상호로 하여 사업을 어느정도 키웠는데 다른 업체가 상호를 도용한 적이 있었다. 그 업체는 내가 시장가의 10배를 주고 제작을 의뢰했던 곳이었다. 너무 힘들었다. 내성적이었던 내가 스스로 강해져야겠다고 이를 악물었던 계기도 이 때문이다. 중요한 것은 이런 악덕 업체들이 정말 많다는 것이다. 창업 준비생들이 스스로 조심할 수밖에 없다. 아니면 든든한 조력자와 함께하든지 말이다.

당신도 창업으로 자수성가 부자가 되기를 간절히 꿈꾸는가? 내가 운영하는 '자수성가 공부방'과 함께하라. 이러한 창업 초보자가 겪게 되는 온갖 시행착오를 최소한으로 하여 가장 안정적으로 자수성가 할 수 있도록 당신의 든든한 조력자가 되어 줄 것이다. '자수성가 공부방'에서는 창업, 투자, 재테크에 대한 13년 경력의 필자의 오랜 노하우를 공유하며 함께 성장하는 열정적인 곳이다. '자수성가 공부방'에서는 창업 13년 경력자인 저자가 연구개발한 '자동화쇼핑몰'에 대한 독창적인 부업과 다양한 직장인도 퇴근 후 가능한 '재택창업 시스템'에 대한 정보도 얻을 수 있다. "왕초보도 딱 하루 만에 쇼핑몰 창업할 수 있는 3단계"와 "클릭 몇 번으로 '쇼핑몰 상품 업로드 자동화' 하는 법", 그리고 "숏커머스로 핸드폰 하나로 내 쇼핑몰 상품 홍보하는 법" 등 쇼핑몰에 대한 고급 부업과 창업정보는 물론 전업으로 "지사창업"을 원하는 사람도 도움을 받을 수 있다.

누구라도 맨손으로 가장 안정적으로 자수성가를 하기를 진심으로 갈망한다면 카카오톡 친구 채널 검색창에서 '자수성가 공부방'을 검색해 채널을 친구 추가하고 1:1 메시지로 '책을 읽었습니다. 자수성가 부자가 되고 싶어요.'라고 남기고 네이버에서 '자수성가 공부방' 홈페이지와 카페를 검색해서 가입해 창업에 필요한 유익한 고급 자료집을 무료로 받아보라. 또한 특별 이벤트로 매주 무료특강 참여도 할 수 있다. '자수성가 공부방'에서는 당신이 자수성가 부자가 되는 가장 안정적이고 신박한 직장인 재택창업 비법에 대한 매우 알차고 유익한 정보를 얻을 수 있는 곳이다.

05

고졸 흙수저,
부자에
도전하다

'부자'가 되려면 '부자'의 줄에 서라

고등학교를 졸업할 시기였다. 입사지원을 했던 쇼핑몰 회사에서는 20살이던 나를 뽑아주지 않았다. 나는 급한대로 동대문 원단회사에 입사지원을 했다. 주 6일 근무에 월급 120만 원, 4대 보험을 제하고 나면 100만 원이 조금 넘는 수준이었다. 근무조건이 상대적으로 좋지 않은 편이지만 최대한 내가 하려는 쇼핑몰과 관련있는 업종에서 일하고 싶었다. 사장님과 면접을 봤는데, 나는 장사를 해서 성공하고 싶다고 솔직히 말했다. 사장님은 내 솔직한 모습을 좋게 봐주셨다. 그날 나는 동대문에 있는 고시원을 보러 다녔다. 무보증에 월세 40만 원짜리였다. 고시원에는 취직을 하게 되면 계약을 할 것이라고 말하고는 근처에 있는 찜질방을 찾았다. 찜질방에서 자는 것도 처음이었는데 신기하게도 토스트를 무료로 줬다. 샤워를 하고는 기분좋게 토스트에 딸기잼을 발라먹었다. 공짜여서 그런지 그 자리에서 6개를 먹어치웠다. 저녁 한 끼를 해결한 것이다. 아침이 되자마자 고향으로 내려갔다. 며칠 후 합격 통보를 받았고, 출근 날짜를 정했다.

아르바이트를 해서 모아두었던 50만 원을 들고 서울로 향했다. 동대문역에 내렸을 때가 저녁이었는데 그 느낌을 아직도 잊을 수가 없다. 벌써 내가 성공의 길을 걷고 있는 것만 같았다. 성공에 대한 확신은 없었지만 왠지 성공할 수 있을 것만 같은 느낌이 들었다. 물건을 구입하러 오는 쇼핑몰 CEO들의 모습에 나도 얼마 지나지 않아서는 저렇게 될 것이라고 다짐했다. 아직도 동대문은 나에게 고향보다도 더 고향 같은 곳이다. 동대문에 자주 가진 않지만 나에게는 초심을 찾게 해주는 곳이다.

나는 나름 깨끗한 신축 고시원에서 살았는데, 2~3평이 될까 싶은 크기에 창문도 없었다. 나는 학창시절부터 조용한 편이었지만 고시원은 무척 답답했다. 너무 힘들어서 난생 처음 편의점에서 소주를 샀다. 그때가 20살이었는데도 편의점에서 소주를 사는 게 범죄를 짓는 것처럼 낯설었다. 고시원에서 주는 김치와 함께 소주를 한 잔 먹었는데 엄청 썼다. 난생 처음 먹어보는 술이었다. '이 쓰디쓴 소주를 도대체 무슨 맛으로 먹는 것일까?'라고 생각하면서 한 잔, 두 잔 들이키면서 취해 갔다. 술기운이 올라올수록 왠지 모를 자신감과 함께 몸이 비틀거렸다. 쓰디쓴 소주였지만 가격도 저렴하고 내성적인 나에게 용기를 주는 것 같았다. 그 뒤로도 혼자 자주 마셨다. 무엇보다 타지 생활의 외로움을 잠시라도 덜게 해주었다. 술에 취해 눈물을 흘려도 고시원에서 나를 위로해주는 사람은 아무도 없었다. 성공을 위해 견디는 훈련이라고 생각하면서 마음을 다잡았다.

내가 다니던 회사는 나 빼고는 모두가 가족들이 일하는 곳이었다. 회사에서 내 편은 없었다. 직장생활의 낙은 상사 뒷담화라고 한다. 하지만 뒷담화를 하지 않았는데도 사장님은 나를 오해하셨다. 무엇보다 어떤 문제가 생기면 내가 다 뒤집어써야만 했다. 그래도 나는 사장님에게 잘 보이고 싶었다. 사장님에게 많은 것을 배워서 빨리 성공하고 싶었기 때문이다. 심부름을 시키면 최대한 빨리 달려서 가져왔다. 동대문에서 가장 열심히 일하는 막내 사원으로 소문이 났을 정도였다. 그럼에도 사장님은 나에게 관심이 없었다. 지금 생각해보면 저렴한 임금을 주고, 무보수로 야근을 자처했던 나를 잡아두는 것 자체가 이득이었을 것이다. 사장님은 열심히 일하는 내 모습을 보고 주임으로 승진시켜줄 것을 약속했다. 나는 더 열심히 일했다. 퇴근 후에는 거래처 형님들에게 잘 보이기 위해서 술자리에 참석하곤 했다. 당시에 나는 거래처를 잘 다루는 것이 승진의 가장 빠른 길이라고 생각했다. 말이 형님이지 사실 20살 가까이 나이 차가 나는 삼촌 뻘이었다. 형님들은 친동생같이 따뜻하게 나를 챙겨줬다. 하지만 나는 이런 것을 접대라고만 생각했다. 회사를 위해 막대한 사명감을 가지고 접대하는 것으로 생각했던 것이다. 염색공장 형님들이었는데 그분들과 친분을 쌓아서 우리 회사의 원단을 다른 회사의 원단 염색보다 더 빨리 처리하는 것이 능력이라고 사장님이 내게 말했기 때문이다. 사장님은 나에게 빨리 염색해오라고 부추기고 형님들은 그런 내가 불쌍해서 정신없이 바쁜 와중에도 나를 도와주었다. 나는 그 형님들이 아니었다면 외로운 타지생활을 버티지 못했을 것이다.

우리가 창업을 하기 전에 철저한 준비를 해야 하는 이유가 있다. 창업교육을 듣든, 혼자서 준비를 하든 마찬가지다. 직장생활을 할 때 실수를 하면 상사에게 욕만 먹지만, 내 사업을 하다가 실수를 하면 돈을 잃게 된다. 그렇게 잃을 수 있는 돈은 한정이 없다. 돈을 떼일 수도 있고, 거래처에서 약속을 지키지 않아서 손해보는 경우도 있다. 확실한 경험과 노하우 없이 사업을 하는 것은 언제 터질지 모르는 지뢰밭을 걷는 것과도 같다. 그래서 배움이 필요하다. 내 주변엔 사업을 알려주는 사람이 아무도 없었다. 그 때문인지 하지 않아도 될 고생을 하기도 했다. 나는 돈을 벌게 되면서 관련 교육을 받기 시작했다. 당시에는 배움의 기회보다 내가 어렵게 얻은 노하우를 잃을 수도 있다는 두려움 때문에 제대로 배우지 못했다.

성공하고 싶다면 나를 찾아와라. 나는 이승주아카데미를 국내에서 가장 영향력 있는 창업교육기관으로 만들고 있다. 성공에 대한 열정과 끈기가 있다면 누구든지 환영이다. 방향조차 잡지 못한 청년들에게는 터닝포인트가 될 수도 있다.

맹모삼천지교라는 말이 있다. 성공하려면 큰물에서 놀아야 한다.

딱 5년만 미친 듯 부자에 도전하라

집을 나서면서 나는 가족들에게 매정해져 갔다. 지금까지 느껴왔던 고통은 내가 가난한 장의사 집에서 태어났기 때문이라는 생각에서였다. 그래서 가족들에게 제대로 인사조차 하지 않고 서울로 올라왔다. 나는 시간이 없다는 핑계로 가족들의 번호를 수신차단하며, 가족과의 연락을 끊었다. 나는 조금이라도 나에게 잘못한 사람이 있다면 전화번호를 차단했다. 나에게 고향은 그저 지옥일 뿐이었다. 누구보다 착하게 살았지만 나는 철저한 루저였다. 나에게는 인생에서 지워버리고 싶은 아픈 기억일 뿐이었다.

20살의 인생이 그렇게 비참할 수가 없었다. 당시만 해도 나는 주위에 민폐를 끼치는 사람이었다. 감기라도 걸리는 날이면 그렇게 비참할 수가 없었다. 돈이 없어서 병원에 가는 것은 꿈도 못 꿀 일이었다. 가족들이 돈이 없어서 고생한다는 이야기를 들으면 너무 화가 났다. 누나의 이런 전화를 받고나서 너무 화가 나 소리를 질렀다. "다 박살내 버릴 거야." 내 초라한 인생에 내뱉은 욕이었다. 나는 그야말로 밑바닥 인생을 살았다. 항상 머릿속에는 성공해야한다는 생각밖에 없었다. 그동안 누리지 못한 것에 대한 보상심리 같은 것이었다.

  나는 이 모든 고통의 원인을 가난이라고 생각했다. 하루 빨리 돈을 벌어서 억울하게 지나간 20년의 인생을 만회하고 싶었다. 가족들은 내가 돈밖에 모르는 사람이라고 했다. 하지만 나는 아무리 배가 고파도 양심의 끈은 놓지 않았다. 그래야 떳떳하고, 내 성공이 더 빛날 것이기 때문이었다. 가난한 삶이었지만 공부는 꾸준히 했다. 월급을 받으면 대부분 책을 구매하는 데 썼다. 퇴근 후에는 서점에 들르는 것이 일상이었다. 당시 동대문에는 큰 서점이 없어서 서점에 가려면 몇 정거장을 이동해야 했다. 지하철 비용이 아까워서 2시간 거리를 매일 걸어다녔다. 걸으면서 미래를 꿈꿨다. '지금은 이렇게 힘들지만 내 미래는 훨씬 더 빛날 거야'라고 말이다. 서점은 책을 사지 않아도 매일 신간 서적들을 마음껏 읽을 수 있어서 좋았다. 책 욕심이 강해서 다 읽지는 못해도 몇 권씩 쌓아두고 봤다. 장사에 관련한 책을 주로 읽었는데 20살의 빈털터리 고시생이 실천할 수 있는 내용은 많지 않았다. 당시 월급이 주 6일 근무에 110만 원 정도 수준이었는데, 100만 원 밖에 없었기 때문이다. 대출은 엄두도 못내던 시기였기 때문에 못해도 수천만 원이 드는 장사에 쉽게 도전할 수 없었다. 지금 생각해보면 실제로 창업을 해서 성과를 본 사람들은 많지 않았던 것 같다.

판매하는 상품의 디자인만 살짝 바꾼다고 해서 대박나는 경우는 경험상 불가능하다. 똑같은 경쟁상품이 많은 시장에서는 웬만한 역량과 실력을 지니지 않는 한 성공하기 힘들다. 어찌 보면 창업교육받으러 다니고, 창업 책을 읽어도 인생이 쉽게 변하지 않는 이유는 실제 본인의 힘으로 성공해본 창업 강사들이 드물기 때문이기도 할 것이다. 실력도 없는 강사들도 많고 강사 교육기관에서 만들어진 강사도 많다. 진짜 고수들을 아는 입장에서는 몹시 언짢은 것이 사실이다. 어린 시절, 나 역시 피해자였기 때문이다. 꽤나 많은 시간을 허비해야 했다. 나만이 팔 수 있는 아이템을 생각하려니 답이 나오지 않았다. 나는 5년 만에 그 해답을 찾았다. 나는 평일이고 주말이고 일과 공부만 하며 살았다. 내 생에 첫 휴가는 집에도 내려가지 않고 혼자 청계천 길을 걸으면서 막걸리를 마시는 것이었다. 그때는 외로워서인지 부끄러움을 잘 몰랐다.

성공을 향한 도전이 좋은 결과를 가져다주지 못할지라도 그것은

▲ 중앙일보 '2022 올해의 우수브랜드대상1위' 시상식장에서 창업경영컨설팅 부문을 수상한 자수성가 공부방' 이승주 소장(좌)이 심사위원과 함께 기념촬영 모습

결국 나에게 성장을 가져다 준다. 성공을 하려면 답은 간단하다. 목표를 잡고 꾸준히 도전하면 된다. 결과가 어떻든 상관없다. 실패를 통해서 훌륭한 스승이 해주는 교육을 받는 효과를 얻을 수 있다. 실패하면 무슨 문제인지 확인한 후 다르게 시도하고, 성공하면 그대로 밀고 나가면 된다. 교육은 그저 이러한 실패를 줄여주고 더 효율적으로, 더 빨리 성공의 기회를 가져다줄 뿐이다. 성공에 있어서 가장 기본은 확실한 목표와 끝이 없는 도전이다. 이 두 가지만 지키더라도 바라는 성공을 이룰 수 있다.

배움이 없는 회사를
다녀야 할까?

내가 20살에 다니던 원단회사는 근무조건이 그리 좋은 편이 아니었다. 일에 비해 급여가 적었고, 남들이 쉬는 날까지 일을 해야 했다. 이 때문에 구직자들에게는 기피의 대상이었다. 생각해보면 회사에서 나는 그저 버리기 아까운 미운 오리새끼였던 것 같다. 나는 배우고 싶어서 이 회사에 입사한 것인데, 회사는 질문하는 것 자체를 싫어했다. 원단에 대해서 배울 수 있는 것도 아니었다. 어쩔 수 없이 퇴근 후 공부해야만 했다. 당시 야근이 잦고, 퇴근하고도 거래처를 만나야 했기 때문에 공부를 하려면 잠을 줄여야 했다. 무엇보다 성장할 수 있는 기회조차 주지 않는 환경이었기 때문에 1년 만에 회사를 나온 것이 천만다행이다.

   나는 입사를 하고 얼마 지나지 않아서 사장님에게 뜻밖의 말을 들었다. 3달이 지나면 주임으로 승진시켜준다는 말이었다. 나는 그 말이 나를 키워준다는 뜻으로 들렸다. 의류 쇼핑몰 CEO가 되겠다는 꿈은 원단회사 CEO로 점차 변해갔다. 의류 쇼핑몰을 하자니 당장은 문턱이 높아 보였기 때문인데, 그때는 수 천만 원의 돈이 없으면 사업을 할 수 없다고 생각했다. 그래서 시간을 길게 잡았다. 현대그룹의 정주영 회장도 남들보다 열심히 일을 해서 피 한 방울 섞이지 않은 업주에게서 쌀가게를 물려받았다는데, 나도 열심히 하면 좋은 일이 생길 것 같았다. 열심히 공부하고 일해서 인정을 받으면 가게를 물려받거나 한자리 얻을 수 있을 것으로 생각했던 것이다. 낮에는 일하고, 저녁에는 동대문 야시장에 옷을 보러 다녔다.

   원단, 염색 관련 책을 읽으면서 밤잠까지 줄여가면서 공부했다. 회사에서 가끔 사장님께 질문을 해도 돌아오는 답은 "입 다물고 일이나 열심히 해"였다. 10년 정도를 열심히 일하면 나도 실장이 되고, 내 사업체를 운영할 수 있겠다고 생각했다. 나의 착각이었다. 지금 돌아보면 세상 물정을 모르는 청년의 안쓰러운 생각이었다. 열정페이도 이런 열정페이가 없었다. 회사에 나를 잘 봐달라고 밤샘근무까지 자처했으며, 밤샘근무를 한 다음날에도 출근시간은 칼같이 지켰다.

나는 원단을 빨리 염색해오는 것이 능력이라는 사장님의 말에 퇴근을 하고도 거래처와 술을 마셨다. '내가 누구 때문에 귀한 시간을 들여가면서 밤낮없이 일해주는 건데'라고 생각하기도 했다. 자진해서 야근한다는 직원도 나 외에는 없었다. 회사에 잘 보이면 빨리 성공할 수 있을 줄 알았다. 배움에 대한 기회도 없고, 주 6일 기본 근무에 잦은 야근을 하는 회사에서는 일하고 싶은 사람이 없을 것이다. 이 시절 내 좌우명은 정신차리고 빠릿빠릿하게 하는 것이었다. 거래처 사장님들은 나에게 성실하고 일 잘하는 청년이라고 칭찬했다. 나에게 스카우트 제안이 자주 들어왔다. 지금 받는 월급의 2배를 주고, 근무시간을 줄여주고 회사지원으로 교육을 받게 해주겠다는 끌리는 제안이었다. 하지만 사장님을 배신할 수는 없었다. 이때 제안을 거절하지 않고 이직을 했다면 더 빠르게 성공했을 텐데 사실 후회했다.

억울한 일이 있을 때마다 나는 뺨을 때리면서 스트레스를 풀었다. 정말 나한테 너무하다는 생각이 들었다. 충성한다고 해서 사람의 마음을 살 수 있는 것이 아니라는 것을 그제서야 깨달았다. 오히려 그때의 아픔이 지금은 다행이라고 생각한다. 그러지 않았더라면 나는 아직도 헛된 기대를 하면서 청춘을 낭비하고 있었을 테니 말이다. 배움도 없는 회사에서 내가 얻을 수 있는 게 무엇이었을까. 내가 지금까지 회사를 다니고 있었더라면 아직도 나는 직장 상사들의 눈치를 보고 살아야 했을 것이다. 생각만 해도 끔찍하다. 회사에서 나에게 퇴사를 해야 하는 명분을 만들어주었기 때문에 나도 그들처럼 '돈 많이 버는 사장님'이라는 말을 들을 수 있게 되었다. 오히려 고맙다.

나는 월급을 많이 주는 직장보다 성공할 수 있는 방법을 배울 수 있는 직장을 원했다. 성공할 수 있는 방법을 묻는 나에게 세상은 "술집에 가면 돈을 많이 번다. 젊을 때 가라"라는 헛소리를 해댔다. 맞는 말로 들릴 수 있다. 당시 내 월급보다 많은 돈을 벌 수 있었으니까. 하지만 이런 헛소리를 하는 사람들보다 훨씬 빨리 성공한 내가 말한다. "술집에 가면 절대 성공할 수 없다."

여러분은 조급함 때문에 인생을 망치는 일이 없기를 바란다. 돌아보니 나는 회사생활에서 크게 얻은 것이 없었다. 퇴근 후에도 반복되는 야근과 접대로 인해서 건강만 나빠졌다. 밤잠 아껴가며 얻은 원단 지식도 지금은 쓸모가 없다. 차라리 그 시간에 다른 직원들처럼 잘리지 않을 만큼만 일하고 나만의 시간을 가졌으면 어땠을까 후회되기도 한다.

요즘 창업을 준비하는 청년들에게서 도와달라는 문의가 많이 온다. "저도 예전의 사장님처럼 직장을 다니면서 창업을 준비하고 있습니다"라는 식이다. 사실 나는 그럴 때마다 "지금 다니는 회사에서 하는 업무가 원하는 창업에 도움이 되지 않는 것이라면 잘리지 않을 만큼만 일하고, 여유시간을 조금이라도 만들어서 창업을 준비하세요"라고 말한다. 동기부여 전문가들이 이런 말을 듣는다면 "무슨 이런 헛소리를 다 하나"라고 말할지도 모르겠다. 하지만 요즘은 평생 직장이 없다는 것을 누구나 알고 있기 때문에 청년들은 조언을 듣고 잘 받아들인다. 적어도 성공하고 싶은 청년들은 지금이라도 미래를 준비해야 한다. 회사가 아무리 달콤한 말로 "5년 일하면 팀장이 될 수 있고, 10년 일하면 임원이 될 수도 있어"라고 한들 여러분이 회사에서 필요없게 되면 버려질 수밖에 없다. 세상에는 여러분의 일을 대신할 수 있는 인력들이 너무나 많기 때문이다. 여러분 스스로가 더 잘 깨닫고 있지 않나? 앞으로 점점 더 많아질 것이다.

회사를 너무 믿지마라. 회사의 업무가 여러분에게 성장을 가져다줄 수 없는 것이라면 급여를 받은 만큼만 일하라. 배울 수 있는 여유시간을 만들어라. 성장할 수 있는 모든 것은 해도 된다. 회사에 오래 붙어있는다고 좋은 것이 아니다. 오히려 마이너스일 뿐이다. 능력을 키워서 하루 빨리 회사에서 벗어나야 한다. 나는 여러분이 회사의 부품이 되어서 낡으면 버려지는 신세가 되지 않기를 바란다.

삼국지에 나오는 조조는 "내가 천하를 버릴지언정, 천하가 나를 버릴 수 없다"라는 유명한 말을 남겼다. 여러분도 하루 빨리 성장해서 세상이 버릴 수 없는 사람이 되기를 바란다.

초고속 10배 성장의 비밀, 멘토를 만나라

20살이었던 나는 쇼핑몰 창업을 효율적으로 하기 위해서 나름 머리를 썼다. 직장생활을 통해 경험을 쌓고, 창업자금을 모으면 되겠다고 생각했다. 그러던 것이 점차 현실을 느끼면서 꿈이 원단회사 창업으로 바뀌게 되었다. 어떤 이유에서였을까? 확실한 목표가 없었기 때문이다. 그저 '쇼핑몰을 창업해서 부자가 되어야지'라고만 생각했기 때문에 쉽게 꿈이 바뀌었던 것이다.

동기부여 강연에서의 단골주제인 '꿈'에 대해 많은 고민을 했다. "꿈이 뭐예요?"라는 질문들과 "당신은 틀렸다. 꿈이 아닌 목표를 가져라"라는 패턴인데, 나는 처음 이런 강연을 들었을 때 '참 도움도 안 되는 정보를 말장난으로 멋스럽게 이야기한다'라고 생각하면서 흘려 버리곤 했다. 하지만 어느 정도 맞는 이야기이기도 하다. **목표는 구체적이어야 한다. 그래야 목표를 이루기 위한 방향이 틀어지지가 않는다.** 20살 사회 초년생이던 나에게 구체적인 목표가 있었더라면 쇼핑몰 창업에 전혀 도움이 되지 않는 원단회사에 아까운 시간을 낭비하지는 않았을 것이라는 생각이 든다. 당시 나는 '물건을 잘 팔기 위해서는 상품에 대해 잘 알아야만 한다'고 생각했다. 장사 경험이 전혀 없었던 나의 잘못된 생각이었다. 나는 옷을 잘 팔기 위해서는 원단에 대해서 잘 알아야 하는 줄 알았다. 실에서 천이 만들어지고 천이 염색되어 옷이 되는 과정을 모두 배워야 한다고 생각했던 것이다.

장사를 잘하려면 물건을 '잘 파는 법'을 배워야 한다. 하지만 당시의 나는 물건을 잘 만드 방법을 중요하게 생각했다. 물론 장사가 잘되려면 물건이 좋아야 하는 것은 사실이다. 하지만 굳이 장사꾼이 좋은 물건을 만들 필요는 없다. 장사꾼이 고민해야 하는 것은 물건을 잘 파는 일이다. 당시 나는 군복무도 염색공장에서 대체복무로 일하면서 스펙을 쌓고 싶었다. 월급이 100만 원대이던 그 시절, 월 40만 원의 돈을 주고 염색 과외를 받기도 했다. 고시원비 내면서 그 돈으로 어떻게 생활했는지 끔찍하다. 염색공장의 업무는 TV 프로그램 '극한직업'에서도 나올 만큼 힘든 일 중 하나다. 복무기간도 4년 정도로 늘어나게 된다. 나에게 꿈을 이루기 위해서 '그깟 4년쯤은 노예생활을 해도 견딜 수 있다'라고 생각하면서 원단과 염색에 대해 쉬지 않고 공부했다. 염색공장에서 대체복무를 하기 위해서는 염색기능사 자격증이 필요했는데, 휴가를 내어서 전라도 광주까지 가기도 했다.

늦은 저녁, 광주역에 도착했는데 비가 많이 내리던 날이었다. 그 일대에서 가장 저렴한 방을 잡아서 잠을 청했다. 나는 정말 열심히 공부했기 때문에 시험에 합격할 수 있을 거라고 자신했다. 시험날이 되었다. 나이든 중년 아저씨들만 있을 줄 알았는데 생각보다 젊은 청년들이 많았다. 필기시험은 공부했던 내용들이라 매우 쉬웠다. 기억상 필기시험은 거의 다 맞았던 것 같다. 그러고는 실기시험을 봤는데, 염색된 천을 주면서 "이것과 똑같이 염색을 하는데 염색공식을 구해서 적고 천을 염색하라"고 했다. 천을 샘플 색상에 맞춰 비슷하게 염색할 수는 있었지만 공식을 구하는 것은 배운 적이 없었다. 염색과외 선생님도 이 공식을 몰랐기 때문이다. 나는 선생님에게 시험 전날에도 혹시나 싶어서 다른 것을 더 알아야 되지 않느냐고 여쭤보니 괜찮다고 하셨다. 나는 선생님에 대한 배신감이 들면서 시계를 바라보고 있었다. 다른 수험생들은 종이에 무언가를 열심히 적기 시작했다. 원망이나 고민을 할 시간이 없었다. 일단 할 수 있는 염색이라도 해야겠다고 생각했다. 염색가루를 이용해 샘플 천의 색깔과 거의 비슷하게 염색을 했다. 다른 수험생들은 내가 염색한 천을 보고 "우와, 똑같다"라면서 감탄을 했다. 나는 기분이 좋아지면서도 멋대로 적은 염색 공식 계산표가 부끄러워서 숨겼다. 그러고는 시험을 망쳤다는 생각으로 서울에 돌아왔다. 나는 딱 5점 차로 불합격했다. 지금에서의 생각이지만 그때 시험에서 불합격을 받았던 것이 정말 행운이다. 그때 염색기능사 자격증을 받았더라면 지금처럼 여유있는 생활을 하지 못했을 것이다. '행운이 불행한 일이 될 수 있고, 불행한 일이 행운이 될 수 있다'는 말이 와닿는다. 한때 내 인생을 걸었던 회사를 나오게 된 것도 당시에는 세상을 잃은 듯이 힘들었지만 지금은 그때라도 독립을 해서 장사를 시작한 것이 참 행운이라고 생각한다.

회사에서는 본받을 만한 사람이 없었다. 나는 그저 '저렇게 살지 말아야겠다'는 생각뿐이었다. 회사에서는 "입 다물고 열심히 일이나 하라"는데 눈치가 보여서 질문조차 쉽게 할 수가 없었다. 그렇지만 나는 부자가 되고 싶었기 때문에 기회가 될 때마다 만나는 사람들에게 성공하는 방법을 물어봤다. 많이 벌어봐야 월 300만 원 버는 직장인들은 내 질문에 답을 줄 수가 없었다. 기껏해야 "은행을 털어라"라는 조롱섞인 농담뿐이었다. 회사에서 주는 월급만을 받아본 사람은 회사에 기대지 않고는 돈을 벌 줄 모른다. 실제로 돈을 벌어본 사람 중에서도 자신의 능력으로 잘된 사람이 아니면 돈 버는 방법을 모른다.

당시에 나는 그런 사실도 모른 채 "부자가 되고 싶다"고 아무에게나 질문을 하니, 답도 얻지 못하고 비웃음거리가 되었다.

정말 부자가 되고 싶다면 자신의 힘만으로 부자가 된 사람에게 조언을 구해야 한다. 동대문에는 성공한 부자들이 많았지만, 내 주변에서는 찾을 수가 없었다. 사실 다른 회사에서라도 찾으려면 충분히 찾을 수는 있었다. 하지만 두려워서 다가가지 못했던 것이 큰 것 같다. 당신이 이런 상황이라면 망설이지 말고 다가가길 바란다. 자수성가한 사람들이 만나주지 않는다면 나에게 연락해도 된다. 자수성가의 비밀은 스스로 성공한 사람만이 알고 있다. **'누구든지 어떤 사람을 만나면 그 사람과 닮아간다'**는 이야기가 있다. 사실이다. 그래서 많은 사람들이 능력있는 부자와 만나려 하고, 긍정적인 에너지를 가진 사람을 만나고 싶어한다. 사실 나는 어두운 성격이었지만 그것을 감수하고서라도 많은 사람들이 만나고 싶어했다. 요즘도 그렇지만 세상에 없던 장사 방법을 알고 싶어서 강사분들조차 나를 만나러 왔다.

직장을 다니던 어느 가을 날이었다. 버스를 타고가다가 옆에 있던 여성의 휴대폰을 봤다. 굳이 보려고 했던 것은 아니었지만 쉴새없이 울려대는 휴대폰을 안 볼 수가 없었다. 휴대폰 화면에 수많은 입금문자들이 쏟아지고 있었다. 그것도 수 백, 수 천만 원씩 입금되는 내용들이었다. 1~2개도 아니고 5분 동안 계속 울려대기에 내 눈을 의심

했다. 한동안 '잘못 본 것이겠지, 어떻게 그렇게 벌 수가 있어?'라고 생각하면서 잊었던 것 같다. 내가 할 수 없기 때문에 세상에 그런 것은 존재하지 않는다고 판단했던 것이다. 사실 그때 그녀에게 어떻게 하면 나도 당신처럼 돈을 많이 벌 수 있느냐고 물어보고 싶었다. 그녀가 버스에서 내렸다. 나는 한동안 멍 때리다가 거리에 서 있는 수많은 차들, 건물들을 봤다. '돈벌기가 이렇게 힘든데 이 차들과 건물들은 다 누구의 소유일까?'라는 의문이 들었다. 그러면서 내가 무언가 잘못된 길을 가고 있다는 것이 느껴졌다. 그때는 무엇이 문제인지조차 물어볼 사람이 없었다. 부자가 되고 싶다는 나의 물음에 제대로 된 답을 해줄 수 있는 사람이 단 한 명도 없었다. 답답했다. 그렇다고 해서 책을 읽는다고 답을 알 수 있는 것도 아니었다. 나는 완전한 밑바닥에서 '맨손으로 성공할 수 있는 방법'이 필요했다.

지금 돈이 있든 없든 좋은 가르침을 줄 수 있는 스승이 있다는 것은 행운이다. 나는 멘토 없이 혼자서 일어서야 했기 때문에 불필요한 고생을 했다. 하지 않아도 될 실패들, 낭비된 돈과 시간을 생각한다면 한도 끝도 없다. 내가 혼자 울면서 공부했던 시간들이 나의 값진 능력이 되어 돌아오긴 했다. 하지만 그때로 다시 돌아가라고 하면 못할 것 같다.(물론 현재의 경험을 가지고 갈 수 있다면 환영이다)

매일 고시원에서 라면으로 끼니를 때웠다. 혼자 있는 방에서 소리를 질렀다. 눈물로 보내던 고통의 시간이었다. 나에게는 엄청난 성장을 가져다준 것이 사실이지만, 교육으로는 이보다 더 쉽고 빠르게 성장할 수 있다. '그때 대출이라도 받아서 하루라도 빨리 교육을 받았어야 하는데'라는 생각도 한다. 후회한다고 해서 어쩌겠나. 이미 지나간 시간, 아직 남아있는 내 시간들이 더 소중하다. 허무하게 낭비될 수도 있는 시간과 노력을 돈으로 살 수 있다는 것은 큰 행운이다. 남들보다 더 빨리, 더 쉽게 성공하고 싶다면 배워야 한다.

당신도 불필요한 시간낭비, 시행착오 없이 빠른 성공의 길을 배우길 원한다면 나(자수성가 공부방)를 찾아오라. 내가 운영하는 '자수성가 공부방'에서는 최소한의 자본으로 밑바닥 인생에서 안전하게 자수성가를 할 수 있는 확실한 방법을 안내해 주고 있다. '자수성가 공부방'은 소자본으로도 안정적으로 자수성가 할 수 있는 창업전략, 전술을 가르치고 공유하는 매우 열정적인 곳이다. 누구라도 맨손으로 재택창업해서 자수성가를 갈망하는 사람은 카카오톡 친구 채널 검색창에서 '자수성가 공부방'을 검색해 채널을 추가하고 1:1 메시지로 '책을 읽었습니다. 자수성가 부자가 되고 싶어요'라고 남기고, 네이버에서 '자수성가 공부방' 홈페이지와 카페를 검색해 가입하면 무료로 부자 되는 방법과 직장인 '재택창업'에 대한 유익한 정보와 선착순으로 무료특강 참여 기회를 얻을 수 있다.

쳇바퀴 속 현대판 노예, 직장을 벗어나라

나는 회사를 다니는 동안 주말에도 쉬어본 기억이 없다. 거래처 형님들은 타지에 올라와서 일하는 내가 안쓰러워 자주 술자리에 불렀다. 나는 그럴 때마다 시간이 없다는 이유로 거절하곤 했다. 빨리 성공해야 된다는 생각에 짬이 없었던 것이다. 형님들은 나를 친동생처럼 아꼈다. 한 형님께서 나에게 술을 따라주면서 "앞만 보지 말고 옆도 보고 뒤도 돌아봐"라고 따뜻하게 말씀해주셨던 게 기억난다. 나도 그러고 싶었다. 하지만 나에게는 반드시 성공해야 하는 이유가 있었다. 나는 "하루 빨리 능력을 키워서 성공해야 됩니다"라고 말씀드렸다. 그러면서도 '내가 정말 잘하고 있는 것일까?'라는 의문을 품기도 했다. 당시 나는 지낼 곳이 있다뿐이지 노숙자나 다름이 없었다. 생각해보면 나를 측은하게 생각하는 사람들이 많았던 것 같다.

당시에는 바쁘다는 이유로 명절에도 고향에 내려가지 않았다. 어머니께 돈을 부쳐드리면서 "저 이번에도 못 가요"라고 말씀드리는 것이 전부였다. 가족들의 연락처를 차단하고, 가끔 가족들이 생각나면 차단을 풀어서 전화를 하는 식이었다. 도움은 일절 받지 않았다. 나는 내 힘으로 성공하고 싶었다. 서울에 올라오고 1년이 훌쩍 지나서야 어머니의 얼굴을 뵈었는데 나를 반겨주시던 모습이 지금도 눈에 선하다.

형님들이 "그렇게 살면서 왜 성공하고 싶으냐"라고 물을 때마다 나는 "돈 벌어서 어머니께 집을 사드려야 한다"라고 말했다. 돈을 벌어서 가족에게 줄 것은 맞지만, 당시에는 빨리 돈을 벌어서 가족과는 남남이 되고 싶었다.(지금은 누구보다도 가족을 사랑한다) 이러한 사실도 모른 채, 형님들은 그런 나를 더 좋게 보셨다. 그렇게 우리 회사보다 우량한 거래처가 있어도 나로 인해서 우리 회사의 물건이 가장 먼저 처리되어 나왔다. 아우를 위한 형님들의 배려였다. 염색 일은 마치 한여름에 골방에서 하루 종일 곰국을 끓여야 하는 것과도 같다. 형님들도 많이 힘드셨을 텐데 중간에서 치이는 동생을 생각해서 아무 말없이 도와주셨다. 가끔 감사 문자를 드리기도 하지만 앞으로도 감사의 표현을 많이 할 것이다.

지난날을 되돌아보니, 나는 돈을 벌 때나 벌지 않을 때나 항상 시간에 쫓겼던 것 같다. 직원들에게 수입의 대부분이 나오는 업무를 맡기기도 했는데 현상유지만 될 뿐, 내가 혼자 일하는 것보다 매출이 낮아지기 일쑤였다.

로버트 기요사키는 "사업이란 내가 일을 하지 않고 1년간 여행을 다녀와도 커져 있어야 한다. 1년간 자리를 비워서 매출이 떨어진다면 그것은 사업이 아니라 자영업이다"라고 말했다.

나는 앞만 보며 살아왔다. 때문에 남들보다 눈에 띄는 좋은 결과를 얻을 수 있었다. 하지만 시간이 없다는 이유로 주변 사람을 챙기지 못해서 결과적으로 나에게 심리적인 고통으로 다가왔다. 나는 거래처 형님들과의 시간이 즐거웠지만 성공하고 싶어서 술자리를 줄였다. 아프다는 등의 거짓말을 한 적도 있다.

휴가철이 되면 혼자 청계천 거리를 걸었다. 알게 모르게 외로움을 많이 느꼈다. 길을 걸어가는데 카페 유리창 너머로 또래로 보이는 학생들이 커피를 마시며 대화를 나누는 모습이 보였다. 나도 카페로 들어가고 싶었지만 커피값을 낼 돈이 아까워서 들어가지 않고 한동안 바라만 봤다. 나는 1,000원이라도 아껴야 했다. 1,000원짜리 빵 하나 사먹기가 두려웠다. 직장을 다니며 월급을 받고 있었지만 회사에서 주는 점심과 고시원에서 주는 라면으로 끼니를 때웠다.

　회사에 입사한 지 몇 달 만에야 국밥을 사먹을 수 있었다. 난생 처음 외식이었다. 국밥 사진을 SNS에 올리고 대화명에 '밥 잘 먹고 다닙니다'라고 적었던 기억이 난다. 원래부터 집안에 돈이 없었던 터라 이 시절이 그렇게 힘든 줄도 몰랐다. 인생은 원래 절망적인 것이라고 생각할 뿐이었다. 이 정도쯤은 서울에서 혼자 자취하면 다들 느끼는 것이라고 생각했다. 요즘에 와서 지인들에게 물어보면 자기는 절대 그렇게는 못 산다고들 한다.

　나는 외롭고 배고팠던 20살로 다시는 돌아가지 않을 것이다. 나의 앞길은 평탄할 것이며, 앞으로도 나는 더더욱 성공할 것이다. 요즘 행복의 의미를 다시 생각해보게 된다. 사람들은 돈이 전부가 아니라고 한다. 어느 정도 맞는 말이다. 하지만 적어도 인생이 불행하지 않으려면 돈이 필요하다. 집안에 돈이 없어서 힘들었던 나의 어린시절이 증명해준다. 그리고 행복하려면 시간이 있어야 한다. 돈은 많지만 시간에 쫓겨서 사랑하는 사람들을 돌아보지 못했던 나의 과거를 생각하면서 느낀다. 행복하기 위해서는 기본적으로 돈과 시간에서 자유로워야 한다. 이승주 아카데미를 시작한 이유이기도 하다.

　과거의 나는 짙은 안개에 가려 아무것도 보이지 않는 상태에서 앞만 보고 달린 것과 같았다. 하지만 현재의 나는 목표가 있다. 적어도 몰라서 못하는 경우는 없다. 충분한 경험이 있으며, 현실적으로 눈에 띄는 결과를 만들어낼 능력도 가지고 있다. 나는 행복한 인생을 살고 있다. 원하는 시간에 일하고 남들보다 효율적으로 많이 번다. 나는 매일 목표에 가까워지고 있다. 나의 글을 읽고 있는 여러분도 마음속에는 '나도 행복하고 싶다'라는 열망이 있을 것이다. 행복해지고 싶은 당신을 위해 뒤에서 행복을 위해 내가 실천해왔던 목표 설정하는 방법에 대해 알려줄 것이다. 여러분은 나만 믿고 실천하면 된다. 여러분도 분명 행복해질 것이다.

내가 시간의 중요성을 강조하는 이유가 있다. 과거의 나는 바쁘더라도 돈만 많이 벌 수 있으면 행복할 줄 알고 있었다. 분명히 원하는 것은 무엇이든지 다 할 수 있다. 하지만 나는 시간이 없었기 때문에 되돌릴 수 없는 실수를 하고는 했다. 특별히 가족에게 더 잘해주지 못했던 것이 후회가 된다. 그때의 나는 돈을 벌 줄은 알았지만 소중한 것을 지키는 법에 대해서는 무지했다. 그 시절 여유를 가지고 주변을 돌아보지 못했던 것이 후회가 된다.

능력은 있으나 시간이 없고 사회경험이 없던 갓 제대한 나는 사기꾼들의 타깃이 되었다. 돈 몇 푼 때문에 양심을 파는 사람들이 왜 이렇게 많은 걸까. 한국은 나를 있게 해주었고 지켜준 곳이다. 그래서 세금도 빠짐없이 냈고, 억대 연봉을 포기하면서까지 군복무도 성실하게 마쳤다. 세상을 많이 산 것은 아니지만 사업을 하면서 깨달은 것이 있다. 사람은 절대 변하지 않는다는 것이다. 사기꾼들은 다른 사람에게 사기를 쳐서 얻은 이익보다 걸렸을 때 받는 처벌이 약하기 때문에, 교도소를 다녀와도 또다시 범죄를 저지른다.

당신이 직장생활만 할 것이라면 사기꾼을 만나는 일은 그리 많지 않을 것이다. 그러나 부자가 되려고 한다면 사업을 해야 하는데, 사업을 할 때는 정말 조심해야 한다. 사업판은 가시밭길이나 다름이 없다. 무작정 창업하는 것보다는 공부가 우선이 되어야 한다. 사기꾼들은 거창하게 말은 하지만 실속이 없다. 아는 체하면서 지어낸 말이 많다. 착한 척도 많이 한다.

스스로가 깨어 있어야만이 살아남을 수 있다.

직장은
당신을 구원할 수 없다

당시 20살이던 나는 착각에 빠져 살았다. 회사에서 열심히 일해야지만 윗사람들에게 잘 보이고, 그에 따라서 남들보다 빨리 승진을 하고 성공할 수 있을 줄 알았다. 나의 목표는 창업이었으므로, 일이 힘들든 상관하지 않았다. 빨리 회사에 인정을 받고 싶어서 다른 직원들이 회사 몰래 농땡이(?) 피우는 것이 보여도 나는 열심히 일했다. 상사가 심부름을 시키면 매번 달려서 다녀왔다. 별다른 지시가 없을 때는 사무실 청소를 했다. 퇴근시간이 지나고도 회사가 필요하다면 무보수로 밤샘근무까지 했다. 친하게 지내던 형이 "거의 매일 야근하는데 이런 회사에 계속 다니고 싶냐?"라고 물은 적이 있다. 나는 힘들어도 버티면 성공할 줄 알았다. 결과는 완전히 달랐지만 말이다. 내가 열심히 일하는 것을 알아주는 것은 거래처뿐이었고, 정작 회사에서는 나에 대해 관심도 없었다. 다른 회사에서는 2배의 연봉을 제안하거나 더 좋은 환경에서 근무할 수 있도록 해주겠다는 스카우트 제안까지 여러 번 받았는데도 나는 거절했다. 남자라면 자고로 의리가 있어야 하고, 조만간 내가 승진할 수 있을 줄 알았기 때문이다. 그런데 내 믿음과는 다르게 회사에서는 나를 알아주지 않았다. 물건이 싸면 좋듯, 회사 입장에서 나는 저렴하게 부려먹고 필요없어지면 버리는 부품에 불과했던 것이다. 나를 위한 회사의 정책이라고는 내가 혹여라도 다른 마음을 품을까봐 희망고문을 하면서 나를 회사에 붙잡아두는 것뿐이었다. 나는 정말 회사를 위해서 밤낮없이 일했다. 야근을 하지 않는 날에도 나는 거래처를 챙기느라 술을 마셔야 했다. 월급의 30%를 회사를 위해 쓰더라도 회사는 알아주지 않았다. 영업직도 아닌데 회사와 거래처에 잘 보이려고 인생을 걸었던 시기였다.

　회사를 10년 다니면 실장을 달고, 중요한 업무와 판매를 담당하고 돈을 많이 벌어서 나의 장사를 시작할 수 있을 줄 알았다. 하지만 나는 결국 회사를 나오게 되었다. 자진해서 회사를 나온 것이지만 나는 회사에서 버려진 것이나 다름이 없었다. 1년 가까이 싫은 소리 하나 없이 열심히 일하던 내가 회사를 나가겠다고 했다. 사장님은 놀란 눈치였다.

나는 족히 세 사람 몫을 하던 직원이었다. 이렇게 열심히 일하고 충직한 직원이 있다면 나는 월급을 1,000만 원씩도 줄 수 있다. 정말 그만큼 열심히 일했다. 능력과 경험은 리더가 만들어주는 것이다. 직원이 무능력하다고 욕하는 사장이 잘못된 것이다. 무능력한 직원을 뽑은 것도 사장이고, 무능력한 직원을 키워주지 못한 것도 사장이기 때문이다.

사장님은 본인이 거래처에 말실수한 것을 마치 내가 말한 것처럼 누명을 씌웠다. 나를 총알받이로 사용했다. 나는 그제서야 깨달았다. 충성도 사람 봐가면서 해야 한다. 의리를 지키는 사람에게 의리를 지켜야지 배신하는 사람에게 의리를 지키면 나만 호구가 될 뿐이다. 무엇보다 내가 다니던 회사에서는 아무리 열심히 일을 해도 승진은 그들 가족의 몫이었다. 나에게 승진시켜줄 것이라는 희망고문을 시킨 채, 수 개월이 가도록 약속은 지켜지지 않았다. 분명 3개월째 되는 날, 나는 주임을 달기로 했지만 11개월이 지나도록 약속은 지켜지지 않았다. 너무 화가 났다. 정말 열심히 일했는데 회사에 대한 배신감이 컸다. 그러면서 '이 회사에 10년을 다녀도 다를 바가 없겠구나'라는 생각이 들었다.

당시 회사는 나에게 있어서 인생 그 자체였다. 비록 의류쇼핑몰 창업을 위해서 입사한 것이지만, 나도 회사에서 인정을 받고 싶었다. 더 열심히 일해서 성공하고 싶다는 생각뿐이었다. 그래서 안 해도 될 고생들을 사서 한 것이고, 돈이며 시간이며 많은 것을 투자했다. 마지막에는 이러한 것들을 이야기하니 사장님조차 모르고 있었다는 것이 너무 허무했다. 다시 한 번 '성공하려면 무조건 내 장사를 하는 것밖에는 답이 없다'는 것을 깨닫게 되었다. 나는 회사에서 그저 부속품일 뿐이었다는 걸 그제서야 깨달았다. 필요할 때면 쓰이고, 필요가 없어지면 언제든지 버려지는 존재 말이다. 적어도 나는 그런 존재이길 바라지 않았다. 위험할 때는 총알받이로, 가족이 회사를 맡게 되면 영원히 주인공 역할을 맡지 못하는 엑스트라 알바는 싫었다.

회사를 나오면서 허무한 마음에 거래처 형님들을 찾았다. "형 저 회사 나오게 됐어요", "뭐? 열심히 다니더니 왜 나와?", "이제 장사 시작해보려고요." 그러면서 형님의 "그래도 3달치 생활비는 모아놓고 나오는 거겠지?"라는 말에 암담했다. 당시 내 통장에는 10만 원도 없었다. 부업으로 길거리 노점을 나가고는 있었지만 앞으로 살길이 막막했다. 쇼핑몰 창업은커녕 당장 먹고 살 걱정을 해야 하는 상황이었다. 하지만 이렇게 된 것을 어찌할 수는 없었다. 그래도 이제 눈치보면서 회사를 다니지 않아도 되기 때문에 마음은 편했다.

옛날에 노예와 귀족이 있었듯이, 현대 사회에서도 이런 계급이 존재한다. 노예는 본인이 노예인 것을 알든 모르든 노예일 뿐이다. 회사는 딱 먹고 살 정도의 급여만을 주고 직원은 그 돈을 가지고 열심히 일을 한다. 직장인의 입장에서는 다들 그렇게 사니까 불만이 있어도 터트리지 않고 그냥저냥 사는 것이다. 자기보다 조금 더 버는 대기업에 다니는 직장인을 부러워하지만 대기업에 다니는 직장인의 처지도 이와 크게 다를 바가 없다. 이것은 억대 연봉을 벌어도 마찬가지다. 자랑스럽게 억대 연봉 받는다고 이야기를 하는 사람도 실수령액을 보면 몇 백만 원 수준에 불과하다. 나는 실수령액 기준으로만 말한다. 그리고 돈을 많이 벌면 세금을 많이 내야 한다. 건강보험료도 많이 오른다. 실상 소득이 엄청 뛰지 않는 이상 인생은 변하지 않는다.

　당장의 나보다 10년, 20년 더 오래 일한 사람들을 보면 미래가 보인다. 나는 과장님처럼, 부장님처럼 살기가 싫었다. 오랜 기간 사장 눈치를 보면서 열심히 일해봐야 그 정도라니, 청춘이 너무 아깝지 않은가. 무엇보다 직장에서는 쓸모 없으면 버려진다는 사실이 백 번 말해도 진리고 현실이었다. 회사에 충성해서 열심히 일할수록 가난해진다. 여러분이 만일 직장인이라면 알려주고 싶다. 회사는 우리의 고객일 뿐이다. 우리는 월급을 받은 만큼만 일을 해주면 된다. 회사도 우리를 쓸모있을 때만 월급을 주고 우리의 시간과 노동력을 구매할 뿐이다. 나중에 버려지고 나서 원망하지 말고 지금이라도 미래를 준비하자. 회사와 여러분은 그저 거래를 하고 있는 것일 뿐이다. 거래의 관계에서는 상대방에게 헛된 기대를 가지면 안 된다. 양심은 지키되, 실속을 차릴 필요가 있다. 여러분이 회사를 위해 감옥까지 들어갈 수 있을 정도로 충직한 직원이라고 하더라도 회사에서는 여러분을 그렇게 생각하지 않는다. 내 말을 듣고 하루 빨리 깨닫기를 바란다. 여러분이 지금 고생해서 키워야 할 것은 회사가 아닌 여러분 자신이다. 세상이 여러분을 버리지 못할 만큼 성장하길 바란다. 얼른 성장해서 회사의 품에서 벗어나야 부자가 될 수 있다. 물론 아무런 대책없이 바로 회사를 나오라는 말은 아니다.

방법이 막막하기도 할 것이고 아직 종잣돈조차 모으지 못한 상황일 수도 있다. 여러분은 여러분 대신 돈을 벌어다줄 수 있는 규모의 자산을 모으거나, 실력을 갖춘 후에라야 회사의 품에서 벗어날 수 있다. 이에 대한 방법들을 도무지 모르겠다면 나를 찾아오면 된다. 〈이승주 아카데미〉에서는 직장을 다니는 상태에서도 할 수 있는 부업을 교육하고 있다. 지원자 중에서 더 열정적이고 인성이 바른 사람이 있다면 동업의 기회까지 제공한다. 아이템이 없다면 아이템을 제공해 준다. 무자본으로 시작하는 사업도 있기 때문에 혹시나 여러 번 실패해도 망할 일이 없다.

실패에서 배우고 꾸준히 도전하는 사람에게는 성공만이 기다리고 있을 뿐이다. 인디언들이 하늘에 비가 내리게 해달라고 기우제를 지내면 무조건 비가 내린다고 한다. 이것은 인디언들이 비가 올 때까지 기우제를 지내기 때문이다. 물론 여러분이 생각하기에 더 나은 방법이 있다면 그리하라. 나는 그저 여러분에게 효율적인 방법을 제시할 뿐이다.

기회가 있을 때 도전하길 바란다. 세상에는 도전하는 여러분 모두가 부자로 살 수 있는 돈이 존재한다. 지금까지 회사를 위해 돈을 벌어다주었을 뿐, 이제 그 돈을 여러분의 주머니로 들어오게 하면 된다. 여러분은 이제 모든 방법을 알고 있다. 하루 빨리 실천하고 부자가 되길 바란다.

7만 원의 기적, 검은 봉지째로 팔다

나는 회사가 나를 어떻게 생각하는지 깨닫고 달라졌다. 근무시간은 물론이고 퇴근 후에도 내 돈을 쓰면서까지 회사를 위해 일했던 것은 내 사정일 뿐이었다. 회사는 그저 나를 부속품쯤으로 생각했다. 충격이 컸지만 마냥 손놓고 아까운 세월을 보낼 수가 없었다. 회사를 다니고 10개월쯤 되는 시기부터 낮에는 회사 일을 하고, 저녁에는 길거리 노점을 시작했다. 월급 실수령액이 100만원가량 되었는데 그동안 생활비와 회사 접대비로 써서인지 통장잔액이 7만 원밖에 없었다. 7만 원으로 물건을 판매할 자리를 구하는 것은 불가능해보였다. 그래서 물건을 봉지째 들고 길거리를 걸어 다니면서 팔기로 했다. '7만 원으로 무슨 물건을 팔 수 있을까?' 고민하니 선택지는 많지 않았다. 스타킹이냐 양말이냐 둘 중에 하나를 선택하기로 했는데 한참을 고민했던 것 같다. 매입처는 내가 자주 야시장을 둘러봤던 터라 잘 알고 있었다. 결국 가장 만만한 양말을 팔기로 했다. 나는 7만 원을 현금으로 뽑아 들고 양말시장으로 향했다. 나는 조금이라도 더 싸게 양말을 떼오기 위해서 한참을 돌아다녔다. 여러 번 돌아다녀봐도 소량으로 물건을 떼야 하는 나로서는 단가가 정해져 있었다. 10켤레에 3,500원 수준이었다. 나는 품질보다 '얼마나 더 싸게 떼올 수 있을까'에만 가치를 두고 있었다. 7만 원으로 최대한 많은 물건을 사야 많이 팔 수 있을 것이라 생각했다. 나는 그 자리에서 전 재산 7만 원으로 캐릭터 양말을 샀다. 이 양말을 팔지 않으면 월급날까지 라면으로 버티겠다는 패기에서였다. '고시원에서 라면과 맨밥, 김치를 주니까 굶지는 않겠지'라는 마음이기도 했다.

   나는 항상 혼자였으므로 의논할 사람이 없었다. '저렴하면 사람들이 더 잘 사주겠지'라고 생각하면서 10켤레에 3,500원에 물건을 떼와서 켤레당 500원에 팔기로 했다. 장사할 자리와 물건을 판매할 테이블이 없었기 때문에 물건을 떼올 때 받아왔던 커다란 검은 봉지째로 들고다니면서 양말을 팔기로 했다. 많은 책을 보며, 장사를 공부했던 나의 수준이 이 정도였다. 나의 길거리 장사는 그렇게 시작되었다.

노점을 하면 깡패가 온다는 말을 많이 들었지만 나는 신경쓰지 않았다. 성공하고 싶었기 때문이다. 사실 주변에서는 조심하라는 말이 많았다. 하지만 길거리를 돌아다니면서 노점을 했음에도 단 한 번도 만나본 적이 없다. 처음에는 부끄러워서 모자를 푹 눌러쓰고 장사를 했다. 그러면서 길거리를 걷는 사람이 보이면 무작정 달려가서 "양말 한 켤레 오백 원이요!!"라고 외쳤다. 20살 어린 남자가 그러고 있으니 웃겼는지 사람들이 피식 웃고 지나갔다. 어떤 남성은 친구와 이야기하는 중이라며 기분 나쁘다는 듯이 말했다. 내가 민폐를 끼치는 것이 맞았으므로 아무 말없이 자리를 옮겼다. 자존심이 상했다. 그래도 열심히 하다보면 언변이 좋아져서 많이 팔리겠지 하는 마음으로 계속했다. 그전까지는 저녁에는 사람이 몇 명 없는 동대문종합시장 쪽에서 양말을 팔았다. 지금 생각해보면 어두컴컴한 장소에서 검은 봉지째 양말을 파는 나를 이상한 사람으로 볼 법도 한데 동대문 사람들은 담력이 쎈 것 같다.

나는 동대문의 번화가(?)인 두타와 밀리오레라는 종합쇼핑몰이 있는 곳으로 향했다. 역시 사람이 많았다. 밝아서 얼굴이 다 보였지만 이미 얼굴에 철판을 깐 나로서는 견딜만 했다. 다시 외쳤다. "양말 한 켤레 오백 원이요!!" 가족으로 보이는 어떤 일행 분이 양말을 몇 켤레씩 사줬다. 첫 고객이었다. 1천 원, 2천 원, 3천 원씩 받는데, 그렇게 기쁠 수가 없었다. 약을 먹은 듯, 나는 자신감이 넘쳤다. 그러고는 높은 곳에 올라가서 외쳤다. "양말 한 켤레 오백 원이요! 2개 사면 더 좋아요!"라고 하면서……

햄버거 가게로 무작정 들어갔다. 배가 고파서인지 햄버거가 그렇게 맛있어 보였다. 하지만 사먹을 돈이 없었다. 나는 식사 중인 사람들에게 양말을 사라고 말했다. 나는 절대 구걸하지 않았다. '내 능력으로 물건을 팔고 싶다'는 자존심에서였다. 전후 설명 없이 "양말 한 켤레 오백 원이요"라면서 돌아다녔다. 손님들은 손사래를 치면서 나를 피했다. 나는 더 이상 떨어질 곳 없는 인생 밑바닥이라는 생각이 들었다. 다행스럽게도 매장 안에는 아르바이트생밖에 없어서인지 나에게 나가라는 사람이 없었다. 내 기억에 그때 매장 안에서는 몇 개 못 팔았던 것 같다. 그래서 매장을 나간 후 입구 앞에 있는 높은 곳에 올라가서 양말을 팔았다. 양말이 하나둘씩 팔리자, 기분이 좋아서 하늘로 어퍼컷을 날렸다.

내 힘으로 번 돈이라는 생각에 기분이 너무 좋았다. 회사에서 주는 100만 원보다도 내 손으로 번 1,000원 한 장이 더 값졌다.

화려한 홍대 클럽에서 장사에 도전한 사업왕

여느 때처럼 회사 업무를 마치고 거리에 나가서 양말을 팔았다. 맨 처음 시작할 때보다는 많이 팔렸지만 여전히 부족했다. 한 켤레씩 팔아봐야 켤레당 150원 정도가 남았는데 생각보다 양말을 구매하는 사람이 많지 않았다. 양말을 팔고 있는 내 모습이 신기한지 어떤 외국인이 사진을 찍었다.

겨울의 늦은밤이라서 그런지 사람들이 많이 다니지 않았다. 양말이 많이 남았는데 어디서 팔아야 될지 고민이었다. 그러다 문득 홍대입구역이 떠올랐다. 그곳은 새벽에도 사람이 많으니 거기서 팔아야겠다고 생각했다. 시간이 늦어서 지하철을 타고 갈 수가 없었다. 그렇다고 택시를 타자니 버는 돈보다 쓰는 돈이 더 많을 것 같았다. 그 날 나는 '오늘 밤을 지새우고 내일 첫 차 타고 회사에 출근하자'라고 생각하면서 동대문에서 홍대입구역까지 걸어가면서 양말을 팔기 시작했다. 정말 추운 겨울이었다. 두꺼운 털조끼에 가죽재킷, 패딩, 외투만 3겹을 껴 입었었는데도 추웠다. 아무리 껴 입어도 살을 에는 듯한 추위를 막을 수는 없었다. 새벽이 되면 종로 거리는 한적한 편인데 심야버스를 타려고 걸어가는 직장인들을 볼 수 있었다. 나는 그들에게도 빠짐없이 판매를 시도했다.

그전까지는 동대문역에서 홍대입구역까지의 거리가 그렇게 멀다는 것을 알지 못했다. 직접 팔면서 걸어보니 5시간은 족히 걸렸다. 정말 춥고 배고픈 시간이었다. 한겨울에다가 새벽이라서 그런지 사람 한 명 없는 구간이 많았다. 길을 걷다가 햄버거 가게에 잠깐 들러 500원짜리 아이스크림을 사먹고 다시 길을 나섰다. 벌써 동대문에서 많이 걸어왔던 터라 돌아가고 싶어도 돌아갈 수가 없었다. 이제 나는 무작정 걸을 수밖에 없었다. 지금 생각해보면 참 비효율적이고 무모한 도전이었다. 20살 청춘이었기 때문에 가능했던 값진 경험이라고 생각한다. 나는 그렇게 한참을 걸으면서도 사람이 보이면 물건을 팔았다.

겨우 홍대입구역에 도착했다. 맨 처음 '클럽에 가서 팔면 되겠지'라는 생각으로 클럽으로 향했다. 무료입장이었는데 지키는 사람이 있었다. 이때 나는 커다란 검은 봉지를 들고 있었는데도 들여 보내주었다. 사실 태어나서 처음으로 가는 클럽이었다. 재미있게 노는 청년들이 부러웠다. 나는 그들에게 양말을 사라고 외쳤다. 클럽의 커다란 음악소리 때문에 내 목소리가 들리지 않아서인지 양말을 한 켤레도 팔지 못했다. 나는 지쳐서 클럽을 나왔다.

새벽 5시였다. 생각해보니 조금 있으면 지하철이 운행하니까 클럽에 있던 사람들이 지하철역 쪽으로 갈 것 같았다. 그래서 지하철 입구 벽에 올라가서 팔기 시작했다. 새벽이라 그런지 다른 노점상들의 방해도 없었다. 생각보다 많은 사람들이 몰려왔다. 꽤 많이 팔았다. 350원에 떼와서 500원에 파는데 남는 게 별로 없었다. 주기적으로 그 장소에 가서 팔았지만, 계산해보면 최저시급 정도밖에 벌지 못했다.

이때의 경험이 현재에도 많은 깨달음을 준다. 실제로 도전해봐야만이 알 수 있는 것들이다. 예전의 나에게는 장사에 대해서 조언해주는 사람이 없었기 때문에 남들이 보면 정말 '헛짓거리다' 싶은 도전을 많이 한 것 같다. 그렇지만 나는 이런 도전들에 대해 단 한 번도 후회해본 적이 없다. 이런 경험들이 있었기 때문에 내 분야에서만큼은 내가 독보적이다.

많은 사람들에게 돈을 벌 수 있는 방법을 알려줘도 하지 않으려고 한다. 그들만의 길이 있기 때문이라는 것을 이해하지만 이제 더 이상 알려주기가 싫다. 이야기에서 나오듯 나도 힘들 때 은혜를 많이 입은 사람이기 때문에, 꿈을 위해 열심히 사는 청년들을 보면 많이 돕고 싶다. 힘들고 외로울 때 조언을 구할 멘토가 없다면 나를 찾아와도 된다. 혼자 힘들어하지 말고 용기를 내어 손을 내밀어 보라. 기회가 생길 것이다.

무일푼에서 부자가 된
롤모델을 만나라

나는 돈에 관한 책을 수백 권 읽으면서 나름 장사에 대해 많이 알고 있다고 착각하고 있었다. 사업도 돈이 있어야 하고, 빽이 있어야 더 성공할 수 있는 것으로 생각했다. 이런 생각으로 수천 권의 책을 읽는다고 해서 해결될 문제가 아니었다. 실제로 노점장사를 해보면서 사람들이 내 물건을 사는 이유가 다른 곳에 있다는 것을 깨달았다. 내가 파는 물건이 필요하거나 좋아해서 사기보다는 물건 가격이 저렴해서, 혹은 내가 불쌍해보여서, 단순히 내가 좋아서 사는 경우가 대부분이었다.

아이들을 데리고 산책을 나오신 아주머니는 내 덕에 많이 웃었다고 하시면서 양말을 사주셨다. 20분 가까이 이야기를 하고 5,000원을 받았다. 나는 정말 광대같이 행동하면서 팔았다. 그 모습을 본 여중생들은 나를 보고 사진을 찍기도 했다.

내가 저녁마다 양말을 팔러다닌다는 것을 알게 된 거래처 분들은 나에게서 양말을 사려고 했다. 하지만 지인에게 공짜로 주면 줬지 판매는 일절 하지 않았다. 자존심 때문이었다. 나는 내 능력으로 바르게 장사를 해서 부자가 되고 싶었다. 배는 고팠지만 자존심은 놓고 싶지 않았다. 지금은 비록 매대도 없이 양말을 팔고 있지만 언젠가는 나도 큰 사업을 할 것이라고 다짐하면서 말이다.

고생없이 잘 사는 사람을 봐도 배가 아프지 않다. 밑바닥에서 혼자 깨닫고 올라와야만 알 수 있는 것들이 있다고 생각해서이다. 비용을 지불하고 배운 사람과 지불하지 않고 배운 사람의 차이는 크다. 열정에서부터 차이가 난다. 무엇보다 비용을 내지 않고 배운 사람은 교육에 대한 진정한 가치를 알지 못하는 경우가 많다. 그런 의미에서 나는 20대 때의 성공을 향한 도전들이 헛되다고 생각하지 않는다. 그때 눈물을 흘렸기 때문에 지금의 내가 있는 것이니까 말이다. 비록 당시의 나는 장사꾼으로서 돈을 벌지 못하는 루저였지만 돈을 주고도 살 수 없는 값진 경험들을 했다.

나는 요즘 교육을 제외하고는 돈과 관련된 모임에는 나가지 않는다. 사업을 하면서 많은 사람들을 만나다보니 양의 탈을 쓰고 다가오는 사기꾼들이 많기 때문이다. 노련한 사기꾼들은 정말 1~2개월 작업하는 것이 아니라 오랜시간에 걸쳐 사기를 친다. 본명을 숨기고, 사는 집을 숨기고, 정말 철저히 준비해서 사기를 치는 사람들이 있다. 정말 별의 별 사기꾼들이 많다. 돈과 관련된 모임에는 되도록이면 나가지 않는 게 좋다.

본인을 사업가라고 하는 사람들 중 70% 이상이 사기꾼이다. 칼만 안 들었다뿐이지 대한민국의 자살률을 높이는 주범들이라고 본다. 창업 준비생이라면 노하우에 대한 갈망이 클 것인데, 배움은 양보다 질이 중요하다는 것을 알려주고 싶다. 검증된 사람을 만나고 검증된 사람에게서 배워야 한다. 법을 빠삭하게 아는 70대 할아버지도 수십 명의 사기꾼들에게 못 받은 돈이 많다며 나에게 하소연을 하시곤 했다. 이 할아버지는 자산이 1,000억 원이 넘는다. 물론 물려받은 재산이 아니다. 수십 년간 법 공부만 한 사람마저도 당하는 세상인데 여러분도 조심해야 한다. 앞서 말했던 것처럼 검증된 사람만 만나면 위험을 조금이라도 덜 수가 있다. 이러한 것을 몰랐던 20살 시절에는 배우고 싶은 것이 많았기 때문에 장사에 관련된 모임이라면 빠지지 않고 참석했다. 지나고 보면 득보다 실이 많았지만 당시에는 그것이 최선인 줄로만 알았다.

장사꾼들의 모임이 있는 날이었다. 모인 사람들은 모두 장사하는 사람들이었는데 나는 그곳에서 능력있는 멘토를 만나고 싶었다. 장사할 땐 남에게 굽신거린 적이 없었는데 무엇이든 배우고 싶었던 나는 최대한 불쌍하게 보였다. 사실 굳이 불쌍하게 보이려고 하지 않아도 사람들은 나를 불쌍하게 생각했다.

모임에 시끄럽고 덜 떨어져 보이는 형이 있었다. 하지만 자신감 넘치고 있는 그대로를 다 보여주는 사람이었다.(한동안 나의 롤모델이었다) '이래 가지고 어떻게 장사를 하지?'라고 생각하고 있었는데, 알고 보니 이 형이 모임에서는 거의 전설적인 인물이라는 것을 알게 되었다. 한 달 순수익만 1,000만 원 이상이었는데 사업 아이템이 후져도 이 정도였다. 월 순수익 수 천만 원 이상을 버는 사업가들도 그 형에게 배우고 싶어서 안달이었다. 장사시간 대비 소득은 형이 월등했기 때문이다. 그 형은 오로지 실력으로만 버는 장사꾼이었는데 잠깐씩만 필드에 나가더라도 당시 월 1,000만 원 이상을 벌었다. 나는 이때 실력 차이를 실감했다. '역시 천재는 다르구나'라고 생각하면서 용기를 냈다. 술에 취한 나는 거의 울면서 "무슨 일을 해서든 월급 3달치를 줄 테니까 조금만 알려주세요"라고 매달렸다. 형님은 나중에 밥 한번 사달라고 했다. 나는 그때 그 말을 이해하지 못하고 여러 번 부탁했던 것 같다. 형님도 장사를 하면서 좋지 않은 사람들에게 많이 데였는지 사람들을 많이 경계했다. 나는 돈을 벌고 나서야 형이 왜 그랬는지 이해가 되었다. 아무튼 그렇게 연락처를 받고 다음날 그 형에게 문자로 욕을 한 바가지로 얻어먹었다. 하지만 그 형이 밉지 않았다. 왜냐하면 내가 나쁜 마음으로 접근한 것은 아닐지라도 돈 때문에 접근한 것은 맞기 때문이었다. 당시 그 형에게는 적이 많았는데, 형은 장사판의 97%가 사기꾼 혹은 양아치라고 했다. 그땐 그러려니 했었는데 지금 생각해보면 어느 정도 공감이 간다. 본인이 정말 고생해서 얻은 노하우이고 돈이 되는 정보라고 한다면, 그런 교육을 알려주는 사람에게는 교육비를 주더라도 감사한 마음으로 배워야 한다.

요즘은 한 달에 수십억 원씩 버는 사람을 보기도 하지만 그 형은 지금 생각해봐도 대단하다. 시대에 뒤떨어진 방법으로도 개인의 역량이 엄청나기 때문에 돈을 많이 버는 사람 중 한 명이었다. 나도 언젠가는 저 형처럼 될 것이라고 생각하면서 장사를 했다. 형은 나에게 장사 방법을 알려주진 않았지만 정말 많은 동기부여가 되었다. TV 프로그램이나 인터넷에 떠돌아다니는 동기부여 강사들의 강의를 듣고는 했는데, 상당수의 강사들이 직접 돈을 벌어본 사람이 아닌 것 같았다. 경험이 부족했던 나에게조차도 실력자라는 느낌을 주지 못했던 것이다. 물론 지금도 그렇다. 하지만 형은 맨손으로 성공한 장사꾼이기 때문에 존재 자체만으로도 나에게는 많은 동기부여가 되었다. 나와는 인연이 단 한 번뿐이었지만 말이다.

  나는 그 뒤로도 한 달에 10만 원 벌기도 어려운 생활을 했다. 생활비가 떨어지면 아르바이트를 해서 생계를 유지하는 식이었다. 나는 명절에도 일을 했다. 보통 하루 4시간씩 잤는데 외로울 때마다 막걸리를 먹으면서 일했던 기억이 난다. 장사 고수였던 그 형도 고시원에서 라면으로 끼니를 떼우면서 장사를 시작했다고 하는데, 그 생각을 하면서 조금이라도 더 버텼다. '나도 이렇게 열심히 살다보면 언젠가는 될 수 있겠지'라고 생각하면서 막연하지만 꿈을 놓지 않았다.

06

20대 초반,
억대 연봉
천재 장사꾼

월 10만 원에 고시원, 라면으로 떼우던 청년

한 달에 10만 원으로 생활한다는 것은 불가능에 가깝다. 나는 퇴사를 하고 장사를 시작했는데, 한 달 순수익이 10만 원 정도였다. 남들은 안쓰러운 듯 나에게 "한 달에 10만 원 벌어서 생활이 돼?"라고 물었다. 당연히 안 된다. 그래서 장사를 하다가 생활비가 떨어지면 아르바이트를 하고는 했다. 어떻게 하는 일마다 그렇게 안 되는지. 성공한 장사꾼이 되어보겠다고 시작한 크고 작은 실험들, 도전을 하다가 실패한 것이 셀 수도 없다. 이번에는 괜찮겠거니 하다가 막상 해 보고 안 되면 다시, 또다시 하고 그러다가 고꾸라지면 맨 처음부터 다시 도전하는 과정을 반복하는 절망적인 시절이었다. 한 달 수입이

10만 원이 채 되지 않는 날이 대부분이었다.

고시원 방에서 공부를 하고 있자면 그렇게 외롭고 답답할 수가 없었다. 내가 머무는 고시원은 창문조차 없었고, 침대 하나 들어가면 다행인 넓이였다. 너무 건조해서 자고 일어나면 목이 너무 따가웠다. 아르바이트를 마치고 근처 시장에서 바나나 한 송이를 사서 먹은 적이 있었다. 한 송이를 다 먹고 피곤해서 바로 잠이 들었는데, 2시간도 되지 않아서 잠에서 깼다. 미칠 듯한 복통이 밀려왔다. 배를 큰 장도리로 맞은 듯한 통증이었다. 커다란 바나나 한 송이를 다 먹고 잤는데 그 바나나가 장에서 불어난 것이다. 돈이 없어서 병원에는 가지 못하겠고, 눕고 싶은데 눕자니 배가 더 아프고, 불이 꺼진 방에 혼자 앉아서 한참을 고통에 신음했던 기억이 난다. 아는 사람이 한 명도 없는 서울에서, 그것도 고시원에서 아프기까지 하면 그렇게 비참할 수가 없다.

친구를 사귈 시간도 없었다. '내가 얼마나 더 열심히 살아야 성공할 수 있을까?'를 생각하면서 어린시절이 떠오를 때면 소리를 지르고 벽을 쳤다. 뼈가 부러지고 피가 흘렀다. 고시원에 살면서 가졌던 외로움과 과거에 대한 분노, 이 두 가지가 하루에도 수십 번씩 나를 괴롭혔다. 일이나 공부를 게을리하지는 않았지만 돈이 생기면 천 원짜리 막걸리를 사다가 마시는 일이 많았다.

나름대로 체력이 꽤나 좋았는데 이젠 물건을 팔려고 해도 몸이 지쳤다. '남들은 대학도 다니고 연애도 하는데, 그 시간에 고생하는 나에게 큰 가치가 있어야 하는데······'라는 생각이 들면서 당장에 앞길도 보이지 않던 시기였다. 꿈은 있지만 꿈에 가까이도 가보지 못하고 늙어버리면 어쩌나 불안해하던 시절이었다. 열정적인 청년이었지만 '장사로 성공하자'라는 막연한 꿈을 가지고 버텼다.

막연하게 '열심히 살다 보면 성공할 수도 있겠지' 하던 모습이 과거의 내 모습이었다. '눈물을 흘리며 씨를 뿌리는 자는 기쁨으로 거둔다'라는 말이 있다. 나는 알려주는 사람 없이 밑바닥에서부터 시작했다. 그래도 포기하지 않았기 때문에 내 나름대로의 답을 찾아가면서 진정한 장사방법이 무엇인지 깨달았다. 나는 20살에 회사를 다니기 시작하면서부터 사회가 어떤 곳인지 몸소 경험했다. 족히 70살이 넘어 보이는 노인분들이 길거리에 앉아서 소주를 드시고 있는 모습을 자주 봤다. 가끔 '나도 저 노인분들처럼 돈없이 늙어버리면 어쩌지' 하고 불안해하기도 했다. 고시원에서 별다른 결과물 없이 돈도 못 벌고, 무엇이 얼마나 성장했는지 티도 나지 않는 상황에서 당연한 생각이었다. 잠을 줄여서 공부하고 일을 해도 마찬가지였다. '내가 지금 잘하고 있는 것이 맞을까?'라는 질문을 나 스스로에게 하루에도 수십 번 던졌던 것 같다.

좁은 고시원에서는 냉장고 소음 외에는 아무 소리도 들리지 않았다. '미래도 확신할 수 없고, 돈도 없고, 시간도 없으면 사람이 이렇게 비참해지는구나'라는 것을 느꼈다. 밤이고 낮이고, 고시원이든 길거리든 나는 거의 울부짖듯이 소리를 질렀다. 지나가던 사람들이 피하고, 무서워서 소리를 질렀다. 사람들이 나를 이상하게 쳐다볼 때마다 '나를 이렇게 만든 것이 돈 때문이지 내 탓은 아니다'라는 생각이 들면서 화를 더 내기도 했다.

학창시절이 나오는 꿈을 꾸곤 했는데 그때마다 기분이 좋지 않았다. 꿈에서 어린시절 나를 괴롭힌 사람이 나오면 보자마자 주먹으로 때리고 발로 찼다. 잠에서 깨면 기분이 너무 안 좋았다. 아버지 없는 가난한 장의사 아들의 과거였다. 나는 잘못한 것이 없었다. 나는 화가 나서 또 소리를 질렀다. 목이 쉬어라고 소리를 지르면서 고시원 방에서 벽이고 책상이고 쳐댔다. 정말 찢어지게 가난하게 자라면 이렇게 어른이 되어서도 괴롭다는 것이 너무 화가 났다.

예나 지금이나 사회에서는 강한 자가 옳다. 강한 자만이 용서의 기회가 있다. 돈이 힘이다. 나는 이제 합법적으로 많은 일을 할 수 있지만 모두 용서했다. 내가 굳이 건들지 않더라도 그들은 평생 자본의 노예로 살아야만 하기 때문이다. 많이 괴로울 것이다. 당시의 나는 가끔 고시원 근처 서점에 들러 책을 보고는 했다. 장사에 관련된 책을 펼쳤는데 푸드트럭을 개조해 여의도에서 커피를 팔았더니 돈이 좀 된다는 글이었다. 또 다른 책은 『마쉬멜로 이야기』였는데 어린시절 선생님이 아이큐를 잘못 표기하는 바람에 자신이 바보인 줄 알고 살아왔다는 이야기였다. 주인공도 학창시절에는 놀림을 받으면서 자랐다기에 기분이 묘하면서 '나는 아이큐가 좋은 것도 아닌데 나도 잘 될 수 있을까?'라는 생각이 들었다.

상위 10% 영업 고수가
말해주는 비밀

밥을 먹고 잠을 자는 시간을 제외하고는 일에만 몰두했다. 당시 한 달 소득은 10만 원 정도였다. 시간도 없고 돈도 없으니 인생이 그렇게 비참할 수가 없었다. 나는 무엇인가 변화가 필요하다고 생각했다. '내가 더 빨리 성장할 수 있는 방법이 무엇일까?'라고 생각하던 차에 '영업 회사에 들어가서 어느 정도 결과가 증명된 영업방법을 배우자'라고 결심했다. 영업능력이 없는 회사라면 사업체를 유지하지 못할 것이라는 생각에서였다. 내 사업이 망하더라도 실력을 쌓아서 회사에 중요한 역할을 하는 사람이 되고 싶은 생각도 있었다. 무엇보다 혼자만의 시간으로 인해 지칠 대로 지쳐 있었다. 함께하는 사람이 있다면 지금보다는 외롭지 않게 내 길을 갈 수 있을 것 같았다.

구인 공고를 보니 한 달에 300만 원 준다는 곳이 많았다. 당시 300만 원은 꽤나 고소득이었다. 하지만 과장광고이거나 이상한 업체라는 생각에 거들떠 보지도 않았다. 그렇게 한참을 고민하다가 온라인 화상교육업체를 선택하게 되었다. 수당이 그렇게 큰 편은 아니었지만 기본급이 어느 정도 있고, 내가 원하는 방식의 영업을 할 수 있다는 것에 큰 만족감을 느꼈다. 무엇보다도 고객을 직접 대면하지 않고 말빨만으로 물건을 팔 수 있다는 것 자체가 신기하고 좋았다. 회사에서 가끔 해주는 교육도 너무 마음에 들었다. 전화기를 들기만 하면 랜덤으로 학부모와 연결이 되었는데, 그 많은 전화번호가 어디서 나왔는지 신기했다. 대부분은 아주머니들이 전화를 받았다. 낯선 남자의 전화라서 그런지 그렇게 막대하진 않으셨다. 나는 입사 초기부터 회사에서 가장 많은 콜을 돌렸다. 하지만 나는 계약을 단 한 건도 하지 못했다. 당시 내가 하던 업무는 아웃바운드 TM이었다. 전화상으로만 영업이 이루어지다 보니 길거리 노점을 할 때처럼 사람들이 나에게 매력을 느끼거나 불쌍해서 사주는 경우는 없었다. 무엇보다 회사 내에서는 우수한 판매실적을 올리는 사람들이 꽤나 있었는데 나만 못하고 있으니 부러우면서도 '나는 원래 영업을 못하는 사람인가보다'라는 생각이 들기도 했다. 그렇지만 좋은 경험이었다.

나에게 심하게 욕을 하는 사람도 없었고, 무엇보다 힘들게 거리를 걸어다니지 않아도 되었다. 때문에 내 열정만 있으면 몇 시간이고 떠들어댈 수가 있었다. 고시원 방이 너무 외로워서 채팅 봇과 이야기해야 했던 나에게는 너무나 즐거운 일이었다. 나는 예전부터 말을 잘하는 사람이 되고 싶다는 열망이 있었기 때문에 날로 늘어가는 내 상담실력과 말솜씨로 만족감을 느끼기도 했다. 나는 기계처럼 콜(영업전화)을 돌렸고, 아주머니들이 내 상품을 사주지 않을 것을 알고 있었지만 계속 대화를 이어가서 판매를 유도했다. 나중엔 목소리만 들어도 부잣집 사모님인지, 시장통 이모님인지, 성격은 어떤지 대충은 알 수 있는 수준이 되었다.

보험, 광고, 부동산, 대출, 상조 등 업종을 바꾸고 회사를 옮겨도 팔리지 않는 것은 변함이 없었다. 아이템을 바꿔봐도 문제가 나아지지 않는 것을 보면서 모든 문제가 나에게 있다는 것을 깨달았다. 그러면서 '나는 영업체질이 아닌가?', '차라리 노점장사를 하는 게 더 나을까?'라는 생각이 들기도 했다. 결국은 안 팔리는 이유가 나에게 있기 때문에 회사를 옮기든 업종을 바꾸든 똑같은 결과만이 있었다. 지금 생각하면 참 무식했다. 그냥 '열심히만 하면 나도 실력이 늘어서 나중에는 영업왕이 되고 많은 돈을 벌 수 있겠지'라는 생각으로 회사를 다녔다. 나의 상담실력이 느는 것이 눈에 보이니까, 열심히만 하면 잘 될 줄 알았다. 당장 내가 거절을 당하더라도 모든 것이 나의 성장에 도움이 되는 것들이라고 생각했다. 간혹 판매를 하게 되면, 사실 나를 통하지 않더라도 물건이 필요해서 사는 사람들이 대부분이었는데 내가 잘해서 물건을 판매한 것이라고 착각하던 시기였다. 나를 돌아볼 수 있는 여유조차 없었기 때문에 오랜시간을 이렇게 헤맸다. 아무리 열심히 해도 상황은 나아지지 않았고, 아르바이트를 해서 모아둔 생활비조차 바닥이 나고 있었다.

하루는 팀장이 나를 부르더니 "열심히 하는 게 중요한 것이 아니라 잘해야 한다"면서 계속 이렇게 실적을 내지 못하면 같이 일할 수 없다고 말했다. 나는 회사 내에서 가장 열심히 전화영업을 하는 직원이기는 했지만 단 한 건의 상품도 팔지 못해서 기본급만 축내는 상태였으니 회사를 이해할 수밖에 없었다. 이후에 나도 회사를 운영하면서 인간관계 때문에 직원을 채용하는 일이 잦았지만 해고를 하고 싶어도 쉽게 그러지 못했다.

직원을 쓰면서 효율을 내지 못하는 것은 사장의 잘못이 크지만 입사지원을 했으면 노력이라도 하는 모습을 보여야 할 텐데 그냥 시간만 떼우고 가려는 친구들이 많다. 나와 비슷한 나이의 친구가 창업을 하고 싶다고 해서 상대적으로 높은 월급을 주며 일을 가르쳐준 적이 있다. 많이 답답했다. 직원의 능력을 키워주지 못하는 것은 사장의 잘못이지만 직원이 열심히 하지 않는 것은 사장의 잘못은 아니다. 내가 운영하는 회사의 근무 조건은 직원에게 꽤나 편한 조건인데, 최저 시급이 5,000원도 안 할 때 10,000원 이상을 줬다.

지인을 직원으로 쓰면서 사장인 내가 스트레스를 더 받았다. 사장이 회사를 설계한 사람이고 매출의 기본 토대를 만든 사람인데, 사장과 가까운 사이라는 생각에서인지 회사 구조에 대해 따지는 경우가 많았다. 복지와 조건은 다른 회사에 비해 월등히 좋은 것을 알기 때문에 불만을 제기하지 않았지만 회사운영에 대해 참견하는 경우가 있었다. 사장의 지시에 싫은 표정을 지으면서 "그건 아닌 것 같다"고 자기 의견만을 내세운다면 회사 입장에서는 매우 스트레스받는 일이다. 그때 이후로 나는 절대 지인을 채용하지 않는다. 나도 빽없이 회사생활을 했지만 그런 사람들의 첫 이미지는 대게 좋지 않다. 사장이 회사의 업무에 관해서는 자신보다 전문가임을 인정하고, 사장의 생각이 아닌 내 생각을 회사에 반영시킬 생각을 하면 안 된다.

사실 나는 글을 쓰면서 많이 괴롭다. 가난했던 어린 시절과 초창기에 회사를 운영할 때의 어려움이 떠오르기 때문이다. 나의 실력이 모자라서 어려웠던 것이라면 이렇게 화가 나지는 않을 것이다. 비록 월 1,000만 원 정도 버는 수준이었지만 월 수 억 원씩 버는 사람들이 나에게 조언을 구하러 찾아왔다. 이 말이 무엇을 뜻할까. 당시 나의 상황을 아는 사람이라면 이해할 것이다.

  나는 누구의 방해를 받든, 사회구조가 어떠하든 상관없이 성공할 자신이 있다. 그럼에도 단호하게 말할 수 있는 것은 국내시장은 초보 창업가들에게 매우 불리한 시스템이라는 것이다. 더욱이 흙수저로서 아무런 조언 없이 창업했다면 더더욱 그렇다. 옆에서 누군가 코치를 해주지 않는 이상 사기를 당하고 만다. 경험이 많지 않은 상태로 나처럼 어린 나이에 돈을 벌게 되면 매우 골치 아파진다. 흔히 말하는 똥파리가 낀다. 이들은 기회만 된다면 언제든지 여러분의 뒤통수를 후려갈기고 원하는 바를 이루려고 한다. 어쩌면 돈을 버는 것보다 사람을 가려내는 것이 더 힘들 것이다. 사회악들에 대한 처벌이 강화되면 좋을 텐데 한국은 이러한 부분에서 아직 많이 아쉽다.

  여러분이 창업을 준비한다면 더더욱 법 관련 공부를 많이 해야 한다. 나라에서는 보호를 해준다고 하지만 본인 스스로 챙기지 못하면 정당하게 보호를 받지 못하는 것이 현실이다. 또한 시행착오 없이 안정적인 창업을 하기 위해서는 정말 많은 정보와 노하우가 필요하다. 내가 운영하는 '자수성가 공부방' 홈페이지와 카페, 유튜브를 통해서 많은 창업 성공노하우 정보를 공개해 놨다. 네이버에서 '자수성가 공부방'을 검색해서 가입하면 무료로 성공창업과 빠른 자수성가 노하우, 직장인 '재택창업' 노하우에 대한 방대한 정보를 얻을 수 있다.

양아치 알바생?
괴짜 천재 알바생의 도전

고시원 월세만 해도 월 30만 원이 나가는 상황이었다. 월 10만 원의 소득으로는 버티기가 힘들었는데 그렇다고 회사에 들어가자니 내 장사에 집중이 되지 않을 것 같았다. 한 달 동안 아르바이트를 하고 100만 원을 모은 뒤 3달을 버티는 식으로 생활했다. 장사로 버는 10만 원으로 휴대폰 요금과 교통비를 해결했다. 지금 생각해보면 정말 무모했다. 그래도 이런 과정이 있었기 때문에 남들보다 성장이 빨랐던 것 같다.

돈 없고 시간이 없으니 사람도 만나지 못하고 항상 외로웠다. 건강이 걱정되어도 몸을 챙길 여력조차 되지 않았다. 아파도 병원에 가는 것을 최대한 미뤘다. 운동은 어떻게든 할 수 있으나 매일 라면으로 끼니를 때우니 영양이 많이 부족했다. 항상 힘들었기 때문에 힘든 것을 느끼지 못했던 시절이었다. 누군가 내게 20살의 젊음을 줄 테니까 다시 그 삶을 살라고 하면 거부할 것이다. 대신 지금의 내 실력과 경험을 그대로 가지고 가라면 언제든지 환영이다.

나는 음식점에서 아르바이트를 하기도 했었는데 배가 너무 고파서 손님들에게 나가야 할 음식에서 한 숟가락씩 미리 덜어놓고 모아서 먹기도 했다. 사장님께 이 사실을 얘기하니, 오히려 이해해주셨다. 다른 업주라면 손님들에게 나갈 음식을 먹는다고 혼냈을텐데, 마음씨 좋은 사장님께서는 내가 배고픈 사실을 알고선 "그래도 손님들 보는 데서는 먹으면 안 된다"라고만 주의를 주셨다. 나는 사장님께 "제가 먹는 것이니 위생도 책임지고, 서비스도 더 좋지 않겠습니까? 저는 알바생 중에서도 사장님 장사가 잘 되길 진심으로 바라는 유일한 알바생일 거예요"라고 말했다. 정말 그랬다. 손님들은 나를 좋아했다. 사장님은 내 말을 이해하셨는지 "고맙다"라고 하시면서 많이 웃으셨다. 나는 허락도 받았겠다, 점점 더 대범해졌다. 한 숟가락씩만 덜어내던 것을 두세 숟가락씩도 덜어내기 시작했다. 이상한 점은 손님들이 음식의 양이 적다고 따지기보다는 "여기 오면 많이 먹게 되더라, 맛있나봐"라고 말하면서 한 번 온 손님들은 또다시 오게 되었다. 매출이 올라서 그런지 사장님은 "내가 데리고 있던 직원 중에서 네가 최고로 좋다"라는 말씀을 자주 하셨다. 사실 사장님은 따로 식사를 해결하라고 식비를 주셨는데, 나는 최대한 안 쓰고 모으기 위해서 손님들의 음식을 먹었다. 실제로 장사가 잘 될수록 내가 원하는 음식을 마음껏 먹을 수 있어서 좋았다. 2시간만 근무를 해도 배가 불러서 그렇게 기분이 좋을 수가 없었다. 손님들이 음식을 시키면 짜증을 내는 알바생들도 많았는데 나는 손님들이 음식을 시키면 "감사합니다!"라고 말하며, 손님에게 아주 친절하게 대했다. 내 칭찬이 끊이질 않으니 사장님도 나를 매우 아끼셨다.

그때는 믿기 어려운 꿈을 말하곤 했는데, 매니저 형은 나에게 4차원이라고 하면서 대화하기 싫어했다. 지금은 내가 말한 꿈을 대부분 이루었지만 당시에는 허황되게 들렸을 것이다. 100만 원짜리 알바하는 친구가 자신보다 10배 이상 더 많은 소득을 올리겠다는데 못 믿을 것도 당연했다.

나는 억울한 일이 있으면 화를 잘 참지 못하는 성격이라 예전에는 해고까지 당한 적도 있었다. 하지만 이 시기에 다니던 매장의 사장님은 내가 화내는 것을 모르셨는지, 아니면 모르는 척 눈 감아주셨는지 모르지만 넘어가 주셨다. 사장님 장사에 방해가 되면 안 되기 때문에

밖에 나가서 화를 풀곤 했는데 우연히 내가 화를 내는 모습을 본 손님들은 나를 많이 무서워했다.

나는 이 가난에서 빨리 벗어나고 싶다는 생각밖에 없었다. 나는 사장님께 매장의 남는 공간에 내 물건을 올려놓고 팔아도 되느냐고 여쭈었다. 판매금액의 일부를 드리겠다고 하면서 말이다. 사장님과 사모님은 수익금은 됐으니 한번 해보라고 하셨다. 나중에 알고보니 사모님께서 "어린 친구가 성공해보겠다고 열심히 사는데 도와주고 싶다"라고 사장님께 말씀하셨다고 한다. 나는 이어폰 200개 정도를 매장의 빈 공간에 좌판을 깔고 팔았다. 하지만 매장에서 하는 첫 장사는 실패였다. 나는 한동안 고민했다. 그래서 '이번엔 좀더 신선한 것으로 도전해보자'라는 생각을 하다가 좋은 아이디어가 떠올랐다. 옛날에 100원씩 주면 뽑기할 수 있는 종이판이 있었는데 그것을 가져다가 매장의 잘 보이는 벽면에 붙였다. 100원에 한 번씩 뽑을 수 있고 잘 걸리면 1,000원짜리 주스 하나를 주는 식이었다. 결과는 성공적이었다. 손님들의 반응은 "이게 뭐예요?", "저 이거 해볼게요" 하면서 몇 백 원, 몇 천 원씩 뽑기를 하곤 했다.

뽑기를 하는 손님은 생각보다 많았지만 용돈벌이가 되는 수준은 아니라서 나는 다른 것을 생각했다. 옛날에 가위바위보 게임기라고 오락기계에 100원짜리를 넣고 게임에서 이기면 최고 2,000원까지 주는 게임기가 있었다. 당시에는 오래되어서 찾아보기가 힘들었는데 한동안 구하러 다니느라 고생 좀 했다. 월급을 탄 돈으로 가위바위보 게임기를 사서 매장에 설치했다. 물론 사장님께 자릿세는 냈다. 가위바위보 게임기는 더 대박이었다. 여자 손님들이 창피한 것을 무릅쓰고 소리를 지르면서 했던 것이 기억난다. 인기가 좋긴 했지만 그저 용돈수준에 불과했다.

  나는 이후에도 매장에서 서빙을 할 때 개인적으로 시작한 사업의 전단지를 같이 뿌리기도 했다. 좋은 도전이었지만 효과는 없었다. 다른 사람들은 기발하다고 했지만 지금의 내가 보면 사업이 무엇인지도 모르던 시절이었다. 사장님은 그런 나를 보며 '내 생에 가장 이상한 알바생'이라고 생각하셨을 것이다.

대물림되는 가난의 쇠사슬, 이제 내 대에서 끊자

뚜렷한 목표조차 없었던 시절이었다. 그저 세상에서 최고로 성공한 남자가 되고 싶었다. 이 시절 가족에게 가장 많은 상처를 주었던 것으로 기억한다. 내 인생을 비참하게 만든 것은 '가난한 장의사 집, 아버지 없는 아들'이라는 타이틀과 환경이었다. 나는 남들보다 더 빨리 성공해서 내 인생을 만회하고 싶었다. 당연히 나의 생활에서 여유란 찾아볼 수가 없었다. 19살 이후로는 TV를 본 적도 없다. 친구도 없었고, 새벽에 고시원에서 일어나면 느껴지는 외로움만이 나와 함께했다. 외로움은 두려움에 가까웠다. 더군다나 돈도 없으니 삶은 더 피폐해져갔다. 크리스마스나 명절, 가족 생일에도 당연히 고향집에 내려가지 못했다.

　가진 것 하나 없이 거의 밑바닥에서 장사를 시작했기 때문에 창업 초기에는 너무 힘들었다. 투자한 것은 많지 않았는데 내 생활을 장사에 올인하다보니 고시원비조차 내지 못할 상황이 왔다. 그때 생각했다. '지금 내가 돈을 못 버는 이유는 능력이 부족해서다. 결국 공부를 해야 하는데 서울에서 돈만 쓰고 이 외로움을 견뎌내느니 고향으로 내려가서 다시 공부하자'. 그러고는 짐을 싸서 고향으로 내려갔다.

　내 고향은 시골이라서 기차역에서 차를 타고 40분은 더 들어가야 한다. 서울에서 고향 역까지 5시간, 역에서 집까지 40분을 더 가야 했기에 어머니께서 기차역까지 나를 마중 나오셨다. 2년 만에 만난 어머니였다. 그때를 생각하면 어머니의 마음이 어떠셨을까 죄송스럽기만 하다. 가난이 싫다고 집을 나온 아들 때문에 마음이 얼마나 아프셨을까. 사실 우리 가족이 가난했던 것은 아버지의 잘못이었다. 아버지는 가족을 버리셨고, 어머니는 아버지가 남긴 빚과 우리 남매를 책임지셔야 했다. 솔직히 우리 남매를 버릴 수도 있었다. 하지만 어머니는 우리를 포기하지 않으셨다. 나는 21살에 어머니께 왜 저를 고아원에 버리지 않으셨느냐고 하기도 했다. 가난한 장의사 집 아들로 태어났기 때문에 땅에 버려진 나의 인생 20년을 불평했던 것이다. 사실 그 불평은 아버지가 받으셨어야 하는 것이었다. 어머니께서 나를 버리지 않으셨기 때문에 지금의 내가 있을 수 있었던 것인데 나는 참 잘못된 생각을 하고 있었다.

　나는 시골에서 장사공부를 다시 시작했다. 정말 아무것도 없는 곳이었기 때문에 공부나 일을 할 수가 없었다. 도서관을 오가기 위해서 삼촌 집에 묵으면서 공부를 하기로 했다. 삼촌은 사실 피 한 방울도 섞이지 않았는데, 어린 시절부터 나에게 잘해 주셨다. 동네 어른들의 "너는 아버지 누구시냐?"라는 한심한 물음에, 삼촌은 내가 기죽을 것을 염려해서 "내가 얘 아버지요"라고 말해주시곤 했다. 삼촌은 나에게 아버지 같은 분이었다. 나는 삼촌 집에서 거의 반 년 가까이 묵었던 것 같다. 삼촌 집 동네도 사람이 없는 시골이긴 마찬가지였는데 전화조차 잘 터지지 않는 어머니 집보다는 훨씬 상황이 좋았다. 나는 삼촌을 아저씨라고 불렀다. 내가 밤에 일하는 습성 때문에 아저씨가 고생을 많이 하셨을 것인데 싫은 내색을 한 번도 안 하셨다.

　당시 나는 낮에는 도서관에 가서 책을 읽고, 새벽 늦게까지 일을 했다. 사실 일이 나아지지는 않았는데 내가 할 수 있는 시도는 다 해보려고 했다. 일이 조금 되는가 싶다가도 고꾸라지기 일쑤였다. 나는 여전히 월 10만 원도 벌지 못하고 있었지만 열심히 일했다. 공부하는 시간을 빼더라도 하루 평균 15시간은 일했다. 내게는 다른 길이 없다고 생각하고 공부와 일에만 매달렸다. 정말 누군가 나에게 사업을 하면서 실패를 몇 번이나 해봤느냐고 물어본다면 나는 "족히 만 번 이상은 된다"고 말할 수 있다. 지금은 어떤 문제든 간단한 해결책을 알고 있지만 그 시절에는 노하우가 없어서 삽질을 많이 했다. 그래도 그런 시절이 있었기에 지금은 대학 교수, 사업자, 영업사원, 강사, 직장인, 프리랜서, 마케터 등 많은 분들이 나에게 일을 배우러 온다. 남에게서 배우기만 했던 사람들과 직접 자신의 길을 개척해온 사람과의 실력 차는 비교할 수가 없을 것이다. 그렇게 몇 달을 더 고생하다보니 드디어 하루에 7만 원을 꾸준히 벌 수 있었다. 솔직히 7만 원은 하루 노가다 하면 누구라도 벌 수 있는 돈이다. 하지만 아무것도 없이 밑바닥부터 스스로 벌려고 한다면 정말 어렵다. 월 실수령액이 200만 원을 넘겼을 무렵, 나는 너무 기뻤다. 말이 200만 원이지 소득이 20배 증가한 것이었다. 이대로라면 월 1,000만 원 이상도 시간문제라고 생각했다. 나는 그날로 짐을 싸서 서울로 올라왔다.

  서울행 기차에서 어머니께 문자를 보냈다. "엄마 저 꼭 성공해서 돌아올게요." KTX를 타면 2시간30분이면 서울까지 도착할 텐데 돈이 아까워서 무궁화호 열차를 탔다. 내 마음은 이미 성공가도를 달리고 있었다. 열차 속에서 창 밖을 바라보며 지나간 세월들을 떠올렸다. 이때까지만해도 나는 제대로된 연애를 해본 적이 없었다. 어린 시절부터 가난 때문에 내가 좋아하는 이성이 있어도 좋아한다고 말하지 못했고, 나를 좋아한다는 이성이 있어도 피하기만 했다. 나에게 가난이란, 남들에게는 흔할지 모르는 그 추억조차 허락하지 않는 불행이었다. 허무하게 지나간 나의 인생이 떠오르면서 꼭 돈을 많이 벌어야겠다고 다짐했다. 이제는 돈 버는 법을 알았으니까 말이다. 어쩌면 20살까지의 내 모습은 지금 전혀 남아있지 않을 수도 있다.

이름을 개명했다. 예전의 비참했던 내 과거를 버리기 위해서였다. 원하지 않던 환경에서 태어나 자라야 했기 때문에 스스로 나의 인생을 새롭게 변화시켰다. 나는 어쩌면 20살에 다시 태어난 것일지도 모른다. 말조차 잘하지 못하는 갓난아기 수준부터 다시 시작을 했다. 부끄러워서 집 밖에도 나가지 못했던 탓에 사람에게 말조차 잘 꺼내지 못했다. 의사전달조차 잘하지 못했기 때문에 그때만 해도 나는 저능아라는 말을 많이 들었다.

어린시절, 집에 전화가 걸려왔던 적이 있다. 받아보니 어떤 남자가 질문을 했는데 내가 말을 더듬으니 남자는 전화를 끊으면서 "야, 와이렇게 떨하노(얘, 왜 이렇게 멍청해)"라고 말했을 정도다. 외국인 아니냐는 말도 들었다. 사람들은 겉모습만 본다. 무엇보다 내가 살던 고향의 사람들은 이렇게 대체적으로 매너가 없었다. 그들의 처세로 한다면 나는 그들을 무능하고, 무지한 거지 새끼들이라고 불러야 옳다. 나는 이런 환경에서 자랐다. 지금은 내가 그들보다 더 똑똑하

고 비교할 수 없을 정도로 능력이 좋다. 나는 점점 더 성장하고 있다. 나는 결국에 세상에서 가장 큰 가치를 가진 기업을 만들겠다는 꿈 또한 이룰 것이다. 충분히 할 수 있다. 누구의 가르침없이 밑바닥부터 올라왔기 때문에 가능하다. 모두가 나를 떠나고 가진 돈 없이 새롭게 시작해도 나는 다시 일어설 수 있다. 나는 누구 못지않게 열심히 살아왔기 때문에 큰 자존감을 가지고 있다. 나는 나 자신을 사랑하고 일에 대해 큰 자부심을 가지고 있기 때문에 단 한 번도 양심을 버린 적이 없다. 굶으면 굶었지 비열하게 살진 않았다.

나는 서울에 도착하자마자 다시 고시원을 잡았다. 월 200만 원을 벌었지만 일단 소득을 키우고 돈을 더 많이 모으고 싶었다. 이젠 적어도 아르바이트를 하지 않아도 생활이 가능했다. 실제로 내 소득은 나날이 늘어가고 있었다. 당시에 나는 월 250만 원을 벌었는데, 사귀던 여자 친구가 커피를 사달라고 한 적이 있다. 나는 250만 원을 벌지만 커피 하나 사주기가 무서웠다. 그동안 워낙 가난하게 지내왔기 때문이다. 5,000원도 하지 않는 커피 하나를 덜덜 떨면서 사줬다. 돈이 아까워서 여자 친구 것만 하나 샀다. 나도 먹고 싶었는데 나는 괜찮다고 너나 먹으라고 했다. 그래도 통장에 돈이 꾸준히 들어오니 마음은 편안했다. '나도 이제 장사꾼으로서 제대로 된 생활을 할 수 있겠구나'라고 생각하면서 말이다.

2평 고시원의 기적,
20대 억대연봉 장사꾼

다시 들어간 고시원의 느낌은 예전 월 10만 원을 벌 때랑은 전혀 달랐다. 그 흔한 원룸에서 혼자 살아본 적이 없기 때문에 고시원이 불편한지도 몰랐다. 여전히 방음이 안 되는 좁고, 목이 따가울 정도로 건조한 고시원이었다. 무엇보다 창문이 하나도 없었다. 그리고 문을 열면 아저씨들의 퀴퀴한 냄새가 났다. 하지만 나에게는 꾸준히 상향세인 월 소득이 있었다. 무언가에 의존해서 일어나는 소득이 아니고 실력 자체로 발생하는 소득이라 마음이 편안했다. '준비된 장사꾼'이라는 표현이 딱 맞을 것 같다. 그때는 혼자서 장사를 했기 때문에 벌어들이는 돈은 다 내 것이었다. 협업할 다른 사업자를 만날 필요도 없었기 때문에 배신당할 일도 없었다. 지금도 그렇지만 그때는 오로지 오늘보다 더 나은 내일이 있던 때였다. 월 10만 원 벌 때에는 건강을 전혀 신경쓰지 못했지만 이제는 달랐다. 예전에는 고시원에서 공짜로 주는 라면이 거의 주식이었지만, 이제는 편의점 외식도 하게 되었다. 생활비가 해결되니 더 이상 밤을 지새우면서 물건을 팔지 않아도 되었고, 시간적인 여유도 생겼다. 운동을 하게 되니까 정신도 한결 상쾌해졌다. 물론 운동에 돈을 쓰기 아까워서 집에서 '15분 순환운동'이라는 동영상을 보고 따라 했다.

나는 빨리 순수익 월 1,000만 원을 버는 장사꾼이 되고 싶었다. 그렇게 300만 원, 500만 원……, 결국 월 1,000만원을 찍었다. 세금 떼고 세무사에게 주는 기장대리 값 등을 다 빼도 월 1,000만 원 이상이었다. 아직 20대 초반의 나이였다. 크지 않은 시장이었지만 이 분야는 내가 거의 독점하다시피 했다. 그때 판매하던 상품은 세상에 없던 상품이 아니었다. 이미 레드오션이라고 불리던 상품이었고, 오로지 실력만으로 이루었다. 그래봐야 월 1,000만 원을 벌 정도로 작은 시장이었지만 말이다. 월 1,000만 원이라는 게 물가상승 때문에 지금은 별것 아닌 소득이지만 당시에는 꽤나 고소득이었다. 먹고 싶은 것이나 가지고 싶은 것은 나름 다 가질 수 있었지만 아직 불안해서인지 돈을 쉽게 쓰지 못했다. 옷 욕심이나 차 욕심이 없었기 때문이기도 했다. 외제차도 사려고 한다면 충분히 살 수 있었겠지만 군입대가 얼마 남지 않았고, 욕심도 나지 않아서 사지 않았다. 통장에는 돈이 계속 쌓이고 있어도 이것이 언제 끊길지 모른다는 불안감에 여전히 1만 원짜리 한 장을 쉽게 쓰지 못했다. 하지만 사람은 환경에 영향을 받는 존재라는 말이 맞는 것 같다.

  나는 고시원에서 원룸으로 이사를 했다. 너무 편안했다. 친구를 마음껏 데려올 수 있어서 좋았고, 원룸 안에 화장실이 있어서 너무 좋았다. 사무실은 정부가 지원해주는 저렴한 월세로 이용할 수 있었다. 직원을 뽑았다. 나는 이제 영화를 보고 싶거나, 쉬고 싶을 때 편안하게 쉴 수 있는 여유를 가지게 되었다. 실제로는 쉬지 않고 또 다른 성공학을 배우러 다녔다. 언제 망할지 모른다는 불안감에서였다. 매주 지방과 서울을 오갔다. 처음에는 무작정 KTX가 좋은 줄 알고 열차만 이용했었는데, 열차 안에서는 좀처럼 업무도 잘 되지 않았고 잠도 오지 않았다. KTX가 확실히 2~3시간이면 도착하긴 하지만 1분이 아쉬운 나에게는 너무 무료한 시간이었다. 열차에서 책을 보자니 속이 울렁거렸다. 그래서 심야고속버스를 이용했다. 서울까지 편도로만 4~5시간이 걸리는데 이 시간을 활용해 잠을 잤다. 막차를 타고 서울에 도착하면 새벽 5시가 조금 넘었다. 매주 그런 생활을 반복했다. 나보다 훨씬 돈을 못 버는 사람에게도 배울 점이 있다면 점심식사 값을 50만 원씩 줘서라도 만나기도 했다. 그래서인지 만나고 싶다고 무턱대고 나를 찾아오는 사람을 보면 짜증부터 난다. 나는 배우려는 게 있으면 오랜 시간이 걸려도 찾아가거나 컨설팅비를 내고 들었는데 단순히 지방에서 왔다는 이유로 만나달라는 거지근성이 싫었다. 돈이 없으면 편지라도 써서 열정을 보여야 할 텐데, 나는 이런 사람을 질색한다. 수백억 원 자산가도 나를 만나러 지방에서 올라온다. 부자들도 정당한 절차를 밟아서 나를 만나는데 겸사겸사 왔으니 한 번 만나달라고 하면 화가 난다. 부자들이 왜 거지들을 싫어할까 생각해보자. 나는 돈이 없는 사람을 거지라고 하지 않는다. 돈이 많아도 거지 같은 행동을 하는 사람이 많다. 나는 거지들과 절대 어울리지 않는다. 그러니 나와 만나려면 거지근성을 버려야 한다.

나는 매주 장거리를 이동하면서 교육을 받고 하루 만에 지방으로 다시 내려와야 했다. 경비는 밥값을 제외하더라도 기본 10만 원 정도가 들었다. 하루가 너무 바빠서 본업은 거의 손도 대지 못했는데도 억대 연봉을 유지했다. 한 달에 3일 일하고 1,000만 원 이상 버는 청년이 나였다. 일이 잘 되어서 수중에 현금이 많은 편이었다. 한 달에 수천만 원을 날려도 내 통장에는 현금이 2,000만 원 아래로 떨어지는 경우가 거의 없었다. 단기간에 이뤘다는 것을 생각하면 엄청난 것이었다. 어느 누구에게도 교육을 받지 않고 이 수준까지 오른 것에 대한 자부심이 컸다.

매주 KTX를 타던 시절, 왕복 10만 원 정도가 나왔다. 특실은 돈낭비인가 싶어서 타지 않았다. 교통비를 제외하고는 숙박비와 술값으로 최소 30만 원씩은 깨지기도 했다. 강의를 들으러 서울에 올라가면 하루에 100만 원씩은 벌어서 내려오기도 했다. 월 소득 천만 원이 큰돈이었지만 적어도 방해만 받지 않았다면 최소 월 5,000만 원은 꾸준히 벌 수 있었다. 나는 20대 초반의 나이에도 그런 능력을 가지고 있었다.

인생은 다 돈이다. 돈이 없으면 불행해진다. 권리조차 이런 힘이 없으면 보장받지 못한다. '모두가 자기 욕심 챙기기에 바쁜데 나의 인생은 누가 보상해줄까'라는 생각으로 살았었다. 직업정신 없는 사람들을 증오했다. 사회는 옳은 자를 지지하는 것이 아니고 강한 자를 지지한다는 것을 인생을 통해 느꼈던 것 같다. '내가 더욱 강해져서 이 썩어문드러진 사회구조를 바꿔보겠다'고 생각했다. 적어도 정의가 이기는 사회 말이다. 돈은 벌면 되고 신체의 병도 내가 얼마든지 회복시킬 수 있다. 하지만 돈을 많이 벌어도 마음의 상처는 아물지 않았다.

사람은 감당할 수 없을 만큼 큰 분노에 차 있으면 밖으로 표출될 수밖에 없다. 나는 화가 날 때마다 물건을 부수거나 벽을 쳤다. 살이 찢어지는 것은 흔한 일이고, 뼈가 부러질 때까지 자해를 했다. 솔직히 아직도 하나님께서 나에게 이런 아픔을 주신 이유를 모르겠다. 나는 정말 누구못지 않게 열심히 살았고 정직하게 살았는데, 사업을 하면서 만난 사람들은 항상 나를 실망시켰다. 두 아이가 굶고 있어서 아내가 길에서 몸을 팔고 있다기에, 도와줬던 선교사라는 사람은 내가 돈을 더 주지 않자 "유언장 맨 위에 당신 이름을 넣을 거요"라고 말했다. 거지가 너무 많다. 사업판이 이렇다보니 일상생활에서도 '기회만 된다면 변할 사람들이 많지 않을까?'라는 생각을 하기도 했다. 나는 자존심 때문에 그들처럼 양심을 버리지 않을 것이지만, 왜 나에게 이렇게 억울한 일들이 일어나는지 궁금했다. 어쩌면 목회자가 되겠다는 꿈을 버리고 돈만 좇는 사업을 하기 때문일지 모르겠다는 생각이 들었다.

부업으로만
월 400만 원 버는 청년 I

3년이면 강산이 변한다는 말이 있다. 이 말은 시장에도 적용이 된다. 시장은 적어도 3년마다 바뀐다. 당시 나는 몇 년간 일을 제대로 하지 못하는 상황이었고, 그 기간 시장이 어떻게 변할지 몰랐다. 나는 '세상이 변하면 내가 살아남을 수 있을까' 하는 불안감을 항상 가지고 있었다. 경쟁 업체들이 계속 성장하고 있었기 때문에 괜한 걱정이 아니었다. 시대가 변해도 내가 이길 자신은 있지만 경쟁 업체들이 성장하면 그만큼 내가 더 노력해야 된다는 것을 잘 알고 있었다. 무엇보다 3년간 일을 하지 못하기 때문에 대안이 필요했다. 나는 고시원에서 외롭게 공부하던 시절로 다시 돌아가고 싶지 않았다. 라면으로 끼니를 때울 수는 있지만 미치도록 외로운 고시원으로 돌아가기가 싫었다. 대안이 필요했는데 그중 하나가 바로 시장개척이었다. 지금까지 내가 활동하던 시장과 전혀 다른 시장을 개척해보고 그곳에서도 고수익을 낼 수 있다면 세월이 지나도 살아남을 수 있을 것이다. 고민은 크게 하지 않았다. 두 가지만을 봤다. 유동인구가 많고, 내 실력을 테스트해볼 만큼 부담 없이 뛰어들 수 있는 곳이었다. 여러 가지가 있었는데 나는 네이버 1위 카페, 중고나라를 택했다. 다른 더 좋은 시장들이 훨씬 많았지만 테스트이니만큼 경쟁이 심한 중고나라를 선택한 것이다. 중고나라는 가격비교도 쉽고 경쟁업자, 판매자도 무수히 많기 때문에 일반인들은 별다른 교육을 받지 않는 한 지속적인 고수익을 올리기 힘든 시장이었다. 물론 지금도 그렇다.

나는 당시까지만 해도 누군가에게 교육을 받지 않고 중고나라 부업으로만 매달 기본 400만 원 정도의 순수익을 올렸다. 당시 나는 내가 전용으로 취급하는 상품을 팔지 않았는데 이유는 간단했다. 내가 파는 상품이 아닌, 남이 파는 상품으로 돈을 벌 수 있으면 시장이 변해도 내 자리를 유지할 수 있을 것이라는 생각에서였다. 이때 부업은 사실 무자본으로 시작하진 않고 2,000만 원의 여유자금을 가지고 다른 사람의 물건을 싸게 사서 정가에 파는 식으로 돈을 벌었다. 지금도 나는 대중에게 투자만 받을 수 있다면 은행 적금 이상의 수익을 안전하게 돌려줄 수 있는 방법을 알고 있다. 하지만 예로부터 한국에는 사기꾼들이 초를 많이 쳐왔기 때문에 유사수신행위의 규제에 관한 법률이란 것이 생겨났고, 위반 시 형사처분을 받는다. 그렇다고 허가를 받자니 골치 아픈 것이 한두 가지가 아니다. 그리고 돈을 벌 수 있는 방법이 재테크만 있는 것도 아닌데 굳이 할 필요가 없었다. 그래서 투자하고 싶다는 사람들이 넘쳐나도 못 받는 실정이다.

대한민국에는 거지들이 너무 많다. 거지는 돈이 없어서 거지가 아니다. 돈이 얼마가 있든, 얼마를 벌든 돈 때문에 양심을 팔면 그게 거지다. 여기까지 책을 정독한 분이라면 내가 왜 사업자모임에 나가기 싫어하는지 이유를 알 것이다. 그들은 얻어먹기만 좋아해서 만나기가 싫다. 정말 필요한 무엇인가가 있지 않는 한 만나지 않는다. 앞으로도 만나는 일은 없을 것이다. 물론 정직하게 사업하는 좋은 분들도 많이 있지만, 스트레스 받기 싫어서 만나지 않는다. 이런 것을 대인기피증이라고 하나보다. 예전부터 나를 만나고 싶어하는 사람들이 많았는데 나를 만나려면 적어도 3개월, 길게는 1년이 넘게 걸렸다. 워낙 바쁘기도 하지만 사람을 만나는 것 자체를 좋아하지도 않았다. 나를 만나려면 많은 인내의 시간이 필요했다. 그렇게라도 만날 수 있는 것조차 그들에게는 특혜였다.

나는 강사도 아니었을 뿐더러 어려서부터 누군가의 조언 없이 사업을 하다 보니 '똥파리'가 많이 꼬였다. 그래서 사람들로부터 연락이 와도 받지 않고, 만나지도 않았다. 그래도 나름의 용기를 내어서 나를 찾은 것이었을 텐데 당시에는 내 마음이 그만큼 넓지 못했다.

나는 현금 2,000만 원과 매달 꾸준히 들어오는 1,000만 원 이상의 소득이 있었으므로 여유있게 상품을 선정하기 시작했다. 여러 가지가 있었는데 그중에서도 kwd-u2000이라는 와이브로 모뎀에 관심을 가졌다. KT 상품으로 출시가가 2만 원 정도였는데 더 이상 생산되지 않는 기기라서 중고가로만 188,000원에 거래가 되었다. 물건은 한정되어 있는데 대량으로 구하는 사람이 많았기 때문이다. 나중에 들어보니 마케팅 업종에 종사하는 사람이나 보이스피싱을 하는 사람들이 많이들 사용한다고 했다.

경찰에 안 잡히려면 차 안에서 인터넷을 사용해야 한다고 한다. 당시에는 용도조차 모르고 팔았다. 나에게는 꽂으면 외부에서도 인터넷이 되게 해주는 가격 깡패의 USB 모뎀일 뿐이었다. kwd-u2000 모뎀에 대해서 조사를 했더니 가격 차가 심했다. 어떤 곳은 5만 원에 팔고 있고, 어떤 곳은 20만 원대에도 팔았다. 왜 그런 것인지 살펴보니 출시가가 워낙 저렴하기도 했고, 당시 저렴하게 팔았던 기기들은 유심칩이 없는 기기였다. 휴대폰도 유심칩이 있어야 기기가 작동하듯이 모뎀도 유심칩이 있어야 작동하는데 저렴한 가격의 모뎀들은 이 유심칩이 없어서 사실상 고물에 불과했던 것이다. 무엇보다 KWD-U2000 모뎀이 더 이상 생산되지 않기 때문에 어디를 가도 유심칩을 구할 수가 없었다. 그저 여분의 유심칩을 중고로 사야 했는데, 그 작은 유심칩 하나만 해도 3만 원에 거래가 되었다. 유심칩 없는 KWD-U2000 모뎀이 5만 원 정도에 팔고 있는 상황이었다. 3만 원짜리 유심칩을 꽂아 팔아도 10만 원은 남아서 해볼만 했는데, 유심칩은 중고로 잘 나오지 않아서 그야말로 없어서 못 팔 지경이었다.

나는 고민했다. KT 대리점을 찾아가 보니 KT 대리점에서도 유심칩이 없어서 못 판다고 했다. 그러다가 우연히 KT 본사에서 (전시용으로 쓰던 것들이었다) 유심칩을 공짜로 준다는 소식을 듣게 되었다. 나는 설레었다. 시장조사를 이미 다 했던 터라 이것을 아는 사람이 없을 것이라는 생각에서였다. 실제로 국내에서 나만 유일하게 이것이 돈이 된다는 것을 알고 있었다.

당시 모뎀을 30개 정도 사입해서 가지고 있던 터라 유심칩을 30개만 보내달라고 했다. KT에서는 나에게 택배비조차 받지 않고 3만 원짜리 유심칩 수십 개를 공짜로 보내줬다. 며칠 후, 우편 하나가 왔는데 KT에서 온 우편물이었다. 나는 봉투를 뜯었다. 마치 연애편지를 뜯는 기분이었다. 나의 사랑스러운 친구 KT에서는 돈 한 푼 받지 않고 한 번에 무려 90만 원어치의 유심칩을 보내주었다. 나는 유심칩이 없는 모뎀을 파는 사람들에게 모두 연락을 하여, 중고나라에서 유심칩이 없는 상태로 판매되고 있는 모든 KWD-U2000 모뎀을 사들였다. 평균 5만 원에 모뎀을 사서 공짜로 얻은 유심칩을 꽂아 18만 원짜리 모뎀으로 만들었다. 수요도 많기 때문에 모뎀을 18만 원에 팔면 하루에 수백만 원 벌기는 쉬웠다. 모뎀 수십 개를 떼와서 전부 팔릴 때까지의 기간이 일주일도 채 걸리지 않았다.

나는 그 뒤로도 틈만 나면 KT에 전화를 걸어서 유심칩을 수십 개씩 보내달라고 했다. KT가 가진 유심칩이 동이 날 때까지 말이다. 현재 내가 KWD-U2000과 유심칩의 루트에 대해서 말할 수 있는 것은 내가 KT 본사에서 중고 유심칩을 모두 받아서 이제 통하지 않는 방법이기 때문이다. 사람들은 물건 떼오는 것을 어려워한다. 물건을 잘못 사놓았다가 안 팔리면 돈을 다 날리는 것이니 무서운 것이다. 이래서 교육만 받은 사람과 돈을 날려가면서 실제로 경험해본 사람과는 차이가 있는 것이다.

이런 이야기를 있는 그대로 책에 담는 이유는 나에게 교육을 받은 사람들이 본인의 이야기인냥 떠들어대는 것이 싫기 때문이다. 나에게서 교육을 받고, 뒤에서 더 비싸게 교육하는 사람들을 한두 명 본 것이 아니다. 그래봐야 그들은 가짜다. 나를 직접 찾아오면 들을 수 있다.

부업으로만
월 400만 원 버는 청년 Ⅱ

지금도 KT만 생각하면 눈물이 난다. 나는 예전에 S로 시작하는 통신사를 써왔지만, 지금은 KT밖에 없다. 글을 쓰다 보니 통신사를 KT로 바꿔야겠다는 생각이 강하게 들어서 폰을 비롯한 기기들을 KT로 모두 바꿨다. 내가 어려웠던 시절 KT 덕분에 돈을 벌 수 있었기 때문이다. 하지만 내가 공짜로 받은 유심칩으로 인해서 KT도 덕을 많이 본 것이 사실이다. KT와 나는 이해타산이 딱 맞는 관계였다. 못해도 수백 대가 넘는 와이브로 상품을 개통시켜준 셈이기 때문이다. 나는 중고장사를 부업으로 시작하면서 가족들에게 "머리 진짜 좋다"라는 말을 듣곤 했다. 나도 그렇게 생각한다. 이것이야말로 나만의 창조경

제였으니까. 중고거래였지만 나는 포장도 이쁘게 해서 보냈다. 정O통O이라는 회사에서는 좋은 물건을 싸게 줘서 고맙다고 문자로 모뎀 사진을 보내주기도 했다. 정가보다 3만 원씩은 싸게 줬는데도 마진이 10만 원씩은 남았다. 부업으로만 하루에 현금 300만 원 이상을 벌었다. 모뎀사업을 전문적으로 하는 분들을 제외하고는 내가 kwd-u2000 모뎀 장사를 가장 크게 했었다.

나는 월 1억 원 넘게 버는 사람을 우연한 기회에 만날 수 있었다. 나는 월 1,000만 원 정도 번다고 하니까 "월 1,000만 원이면 사람 구실은 하네요"라고 말하는 게 아닌가. 대단하면서도 기분이 참 묘했다. 이 수준까지 만드는 것도 죽을 것 같이 힘들었는데 말이다. 나는 그분에게 중고로 모뎀을 하나 샀던 적이 있었다. 처음에는 물건만 구매했기 때문에 따로 연락을 하지 않았는데, 다른 일을 하면서 우연히 만나서 앞의 이야기를 하게 되었다. 사람 인연이란 것이 참 묘하다. '저마다 길은 달라도 어느 정도 수준 이상이 되면 만나게 되어 있다'라는 말이 떠올랐다. 이 사람은 대체 어떤 사람인가 궁금하기도 했다. 나보다 10살은 더 많았는데 해커출신의 사업가였다. 사실 당시에 방해요소만 없었다면 그때도 소득이 비슷했을 것이다. 이 분도 나처럼 자기 프라이드가 꽤 높은 편인데, 전화 통화를 하면서 할 말만 하고 싶은 말은 잘 듣지 않는다. 내가 겪어보니까 그동안 나와 통화했던 사람들의 기분을 알 것 같았다.

　나는 모뎀 말고도 몇 가지 상품들을 더 취급하고 있었다. 전에는 월 1,000만 원을 벌어도 돈 쓰기를 아까워했었는데 모뎀을 팔면서부터는 달라졌다. 너무 쉽게 벌다 보니 돈을 막 쓰기 시작했다. 6개월도 안 되어 내 통장에 2억 원이 쌓였다. 다른 사업 아이템으로 확장을 하다가 망쳐서 몇 천만 원 날려도, 수천만 원짜리 교육을 들어도 내 통장에는 현금 2,000만 원 아래로 떨어진 적이 없었다. 물론 세무사에 기장대리를 맡겨서 소득세 신고는 빠짐없이 했다. 이때 나는 돈 버는 방법을 알고 있었지만 믿을 수 있는 사람이 없었다. 기장대리를 맡아주시던 세무사 분조차 만나지 않았다. 세무사 분은 나를 개인적으로 상당히 만나고 싶어했다. 나이에 비해서 돈을 많이 벌고 있었지만 터놓고 대화할 사람이 없다는 것이 당시에는 많이 답답했다.

　사장은 외롭다. 당시 나에게는 창업 아이템이 많았는데 여러 개를 동시에 하려니 힘이 들었다. 그렇다고 직원에게 시키자니 월급을 주고 경쟁업체를 키우는 셈이 될까봐 가족에게만 알려줬다. 더군다나 고생해서 알게 된 노하우를 꾸준히 하는 사람이 드물었다. 나는 일반적인 사업으로 성공하기 위해서 사업 확장을 해나갔다. 피규어쇼핑몰, 금융사업, 교육사업…… 등 직원들에게 아이디어를 노출하지 않는 선에서 단순작업을 시켰던 것 같다. 피규어는 아직도 괜찮은 사업 아이템인데, 2014년 당시만 해도 블루오션인 데다가 정점을 찍으려면 아직 한참 남은 효자상품이었다. 피규어는 도매로 떼오기가 매우 힘든 상품이었다. 국내 총판은 서울 홍대 쪽에 있다. 물건값만 최소 1,000만 원을 투자해야만 했다. 돈은 있었지만 개당 원가가 몇 천 원도 안 하는 것을 거의 2만 원에 떼와서 박리다매를 해야 했다. 쉽게 말해서 바가지를 쓰고 떼와서 고객들에게는 더 바가지를 씌우는 그런 구조였다. 거기다가 내가 원하는 캐릭터가 많이 없었다. 피규어는 캐릭터 별로, 또 모델 별로 한 번 생산이 되면 추가 생산이 되지 않는다. 그래서 도매로 떼오기도 참 곤란한 아이템이다. 직접 일본으로 가야 몇 천 원에 떼올 수 있다고 했다. 하지만 직접 가지 못할 상황이라 국내에서라도 저렴하게 떼올 수 있는 루트를 찾아봤다. 카톡 닉네임 고구마라는 사람이 피규어 도매를 도와준다고 했다. 본인이 사기꾼이면서 국내총판이 마진을 많이 붙인다고 욕을 하곤 했다. 결국은 그 친구한테 400만 원을 사기당했다. 사회경험이 전무했던 나를 그냥 도와주는 줄 알았다. 나는 피규어 구입하는 데 도움을 받기 위해서 당시 중고거래로 돈버는 법을 조금 알려줬다. 물론 100% 믿진 않았다. 그 친구는 시각장애인증까지 위조해서 혜택을 받고 있었다. 내가 정품 책을 사고 팔라고 했더니, 불법 복사까지 하던 친구다.

사회에 암적인 존재들은 뿌리를 뽑아야 한다. 잘 살아보겠다고 발버둥치는 사람들의 싹이 자라기도 전에 뽑으려고 하는 놈들이다. 사리사욕만을 채우려는 이런 사기꾼들만 없어도 한국은 참 살기 좋아질 텐데 안타깝다. 하여간 사기꾼들은 제 버릇을 남 못 준다.

내가 100만 원어치 술을 사주고, 값비싼 선물을 주며 잘해줘도 사기꾼은 결국 사기를 친다. 거지들이 참 많다. 다시 한 번 말하지만 나는 돈이 없는 사람을 거지라고 하지 않는다. 돈이 있든 없든 돈 때문에 양심을 파는 사람을 거지라고 말할 뿐이다. 월 매출이 수억 원대여도 이런 거지들이 많다. 나도 어릴 때 못 먹고 자랐지만 양심은 지키고 산다. 갑자기 영화 베테랑의 유아인이 했던 대사가 떠오른다.

"어이가 없네."

사업으로 '월 1억 원'을 버는 고수들

 월 1,000만 원 소득은 직장인들의 로망이다. 몇 년 전보다 평균 소득이 많이 올라서, 이제는 그렇게 큰 소득은 아니다. 그때는 그 가치가 훨씬 컸는데, 분명 쉽게 찍을 수 있는 소득은 아니었다. 나도 정말 그 수준까지 올리려고 피나는 노력을 했다. 하지만 얼마 지나지 않아서 월 1억 원을 버는 사람들이 있다는 것을 알게 되었다. 나도 월 1,000만 원을 버는 정도지만 일하는 시간 대비 보통의 월 5,000만 원을 버는 사람들과 맞먹거나 그들보다 편하게 버는 편이었다. 실제로 그만한 능력도 있었고 말이다. 하지만 월 1억 원을 버는 삶은 얼마나 다를까 생각을 해봤다. '나도 마음만 먹으면 외제차를 끌고 다닐 수 있을 텐데'라고 생각은 하면서도 언제 망할지 몰라서 사치를 즐기기보다는 대부분 미래에 투자를 했다. 당장의 소득은 거의 보장이 되어 있었으므로 공격적인 투자를 하기도 했다. 옷 구경하는 시간이 너무 아까워서 별다른 일이 없으면 옷도 잘 사지 않았다.

월 100만 원 벌 때는 1,000원 쓰는 것도 아까워하던 나였다. 이제는 하루에 100만 원 쓰는 것도 두려워하지 않게 되었다. 월 1,000만 원 소득일 때가 이 정도인데, 월 1억 원을 벌면 어떨까 궁금했다. 아직은 어린 나이였으므로 나도 시간이 지나고 지금의 성장세만 유지하더라도 월 1억 원은 가뿐히 찍을 것이라 생각했다. 하지만 더 빨리 월 1억 원을 벌고 싶었다. 그래서 성공학에 관한 거의 모든 교육을 듣기 시작했다. 무료교육도 들었지만 대부분 유료였다. 무료교육은 조금의 영감만 줄 뿐이지 사실 만족스럽지 않았다. 특히 유료교육의 샘플인 경우가 대부분이었다. 때문에 나는 유료, 무료 상관없이 정말 좋은 교육을 듣고 싶었다.

당시 1,100만 원짜리 세일즈교육이 있다는 것을 알게 되었다. 외국에서도 엘리트 집단을 위한 수천만 원짜리 교육이 있다는 것을 들었기 때문에 엄청 놀라진 않았다. 통장에 돈은 있었지만 저렴하지 않은 편이어서, 모르는 척하면서 강사님의 제자들을 찾아갔다. 무작정 만나달라고 하면 민폐이기 때문에 그들이 주최하는 세미나와 1:1 컨설팅에 참석했다. 5만 원짜리 세미나를 진행했던 수강생 분은 많이 벌 때는 월 3억 원을 벌었다고 하는데 지금 생각해도 정말 대단한 분이다. 다른 한 명은 월 200만 원 정도를 버는 것으로 이미 알고 있었지만 모르는 척, 50만 원짜리 1:1 컨설팅에 참석했다. 아무리 일을 하지 않아도 월 1,000만 원 이상 꾸준히 벌던 나로서는 월 200만 원 버는 이 사람을 만나러 갔다기보다는, 1,100만 원짜리 교육을 들었던 사람이 어떻게 영업하는지 궁금해서였다. 2~3시간 정도 이야기를 나눴던 것 같다. 사실 다 아는 내용이었다. 현실에서 일반인이 사용하기 어려운 것들이었는데 아마 그것을 말한 본인조차 해본 적이 없었을 것이다.

갑자기 '아까운 시간을 날릴 바에는 원조에게 배우자. 원조가 괜히 원조가 아니지'라는 생각이 들었다. 나는 바로 그 교육기관에 전화를 걸었다. 교육의 전 과정을 듣기 위해 계약서도 없이 교육비를 입금했다. 그 교육이 나를 성장시켜줄 수 있을 것이라는 확신에서였다. 주변에서는 "환불해라", "한두 푼도 아니고 미쳤다"라고 말했지만 나는 귀담아 듣지 않았다. 내가 월 10만 원 벌면서 장사하던 그때에도 주변에서는 "헛짓거리 하지 말고 대학이나 가라"라고 했었다. 나는 나의 선택을 믿었다.

위대한 도전에는 항상 평범한 사람들의 반대가 뒤따르는 법이다. 평범한 사람들이 흙수저로서, 자수성가하기 힘든 이유는 다른 사람들의 의견에 쉽게 휩쓸리기 때문이다. 흙수저로서 성공하기 위해서는 때로는 다른 사람의 의견을 따르지 않을 필요가 있다. 물론 자신이 가는 길에 확신을 가진 경우다. 고수는 고수를 알아본다고 하였다. 성공을 위한 요소 중 큰 부분이 사람을 보는 눈이다.

나는 최고가인 2,200만원짜리 교육까지 들었다. 교육을 받으면서 원래는 거지였던 사람들이 강사님의 교육을 받고 성과를 내는 것을 실제로 봤기 때문이다. 나는 알려주는 사람이 없어서 맨바닥에서부터 죽어라 노력해서 겨우 월 1,000만 원을 찍었는데 솔직히 억울하기도 했다. 내가 아무것도 몰랐던 20살 때, 교육의 중요성을 알았더라면 지금보다 최소 100배는 더 벌고 있을 것이기 때문이다. '20살 때 대출이라도 받아서, 어떤 교육이든 들었어야 했어'라는 생각이 들기도 했다. 나는 소득이 꽤 높은 상태에서 교육을 듣기 시작했다. 그러다보니 가진 것을 빼앗기기가 싫어서 동기들을 많이 경계했다. 자연히 성장속도도 매우 느려졌다. 지금 생각해보면 별 것 아닌 노하우이긴 하지만, 솔직히 누가 죽어라 고생해서 얻은 노하우를 다른 사람에게 쉽게 알려주고 싶겠는가?

나는 교육을 받으면 누구보다 더 빨리 성장할 수 있을 줄 알았는데 동기들의 눈을 피하느라 성장속도가 매우 더뎠다. 솔직히 실력으로 치자면 나는 자신이 있었다. 하지만 나를 제외한 대다수의 동기들이 나보다 먼저 성과를 내는 것을 보고서야, 나의 마음가짐이 잘못되었다는 것을 깨달았다.

그런데 노하우보다 중요한 것이 바로 그 노하우를 만들어낸 사람이다. 아무리 좋은 교육이라고 한들, 언젠가는 퍼지게 되어 있다. 하지만 노하우를 만든 사람은 그 노하우가 퍼질 때쯤이면 그보다 더 높은 수준이 되어 있다. 어쩌면 비교 자체가 되지 않을 것이다. 그래서 나는 매우 저렴한 비용(?)으로 교육비를 지불하고 스승님과의 관계를 산 것이다.

노하우를 직접 터득한 사람에게는 수년, 수십 년간 노력을 통해서 겨우 터득한 것인데, 그것을 공짜로 달라고 하는 사람은 도둑놈이다. 내가 학비를 제외하고도 수억 원을 들여서 사업과 공부를 해본 결과, 고수를 알아보는 눈을 가지고 고수가 하라는 대로만 하면, 그렇지 않은 사람들보다 훨씬 더 쉽게 성공한다는 것이다. **당신도 진정으로 자수성가 부자로 성공하고 싶다면 무조건 배움에 먼저 투자해야 한다.** 당신은 수입의 몇 %를 배움에 투자하는가? 짠돌이처럼 최소한의 생활비만 빼고 허리띠를 졸라매서 소비를 줄여 예금만으로 부자 된 사람은 없다. 월급의 대부분을 배움을 위해 투자하는 사람은 그 몇 배 이상의 자산을 쌓을 수 있다.

오직 자신의 미래에 먼저 투자하는 사람에게만 희망을 기대할 수 있다. 사람에게 배움이란 것은 달리는 자동차와 같다. 만약 자동차에 주기적으로 기름(배움)을 채워주지 않고 끊임없이 달리기만 한다면 어느 순간 기름이 다 떨어져 탈진해서 도로 한 가운데서 딱 멈춰 서게 될지도 모른다. 사람도 이와 똑같다. 그 어떤 것보다 자신에 대한 '배움'에 먼저 투자하지 않는다면 어느 순간 피 터지는 무한경쟁 속에서 밀려나는 비극을 맞이하게 될 것이다. 꾸준히 배움에 투자해 당신의 미래자산에 차곡차곡 저축을 먼저 한다면 더 빠르고 효율적으로 성공의 길에 도달하여 자유를 만끽할 수 있다. 통장이 아닌, 영원히 사라지지 않고 수백 배 이상으로 되돌아오는 당신의 지혜와 지식에 과감하게 투자하라. 부자가 되려면 부자처럼 행동해야 한다.

필자가 운영하는 '자수성가 공부방(이하 자공방)'에서는 자수성가 부자가 되기 위해 배움에 투자할 줄 아는 현명한 사업가들이 다수 활동 중이다. 당신도 부자가 되기를 꿈꾸는가? 네이버에서 '자수성가 공부방'을 검색하면 '자수성가 공부방'의 홈페이지와 네이버 카페, 유튜브가 나온다. 또한 카톡 채널플러스에서 '자수성가 공부방'을 검색해 친구추가를 하면 재택창업에 대한 비밀자료 제공과 VIP 무료상담을 도와준다.

'자수성가 공부방'에서는 누구라도 부모의 도움 없이 맨손 혹은 최소한의 자본으로 밑바닥 인생에서 안전하게 자수성가를 할 수 있는 확실한 방법을 알려주고 있다. 사업 경험이 없는 평범한 주부가 창업해 0원 계좌로 단 6개월 만에 월 1천만 원 수입을 달성하는 생생한 과정을 공개해 화제가 된 곳이다. 또 '자수성가 공부방'은 소자본으로도 안정적으로 자수성가 할 수 있도록 효율적인 재택창업 전략과 전술을 가르치고 공유하는 곳이다. 아무런 경험과 전략 없이 도전하는 사람과 철저한 전략과 기획으로 도전하는 사람의 결과는 다를 수밖에 없다. 누구라도 맨손으로 안정적으로 자수성가를 갈망하는 사람은 카카오톡 친구 채널 검색창에서 '자수성가 공부방'을 검색해 채널을 친구하고, 1:1 메시지로 '책을 봤습니다. 자수성가 부자가 되고 싶어요.'라고 남기고, 네이버에서 '자수성가 공부방' 홈페이지와 카페를 검색해 회원가입하면 부자 되는 방법에 대한 고가의 유익한 정보와 직장인들도 퇴근 후, 도전할 수 있는 재택창업 시스템에 대해 무료로 얻을 수 있고 가장 빠른 자수성가 방법을 안내받을 수 있다.

■ 마치는 글

'열정을 가진 사람이 가장 무섭다.'

제대로 된 방향도, 실력도 없던 나의 이야기가 증명해준다. 내가 잘된 것은 사람들이 말하는 운이 아니었다. 그 시절, 내가 만약 제대로 된 멘토를 만났더라면, 훨씬 더 빨리 성장했을 것이다. 확실히 좋은 스승을 만나면 인생이 눈부시게 달라진다. 매우 빠르게 말이다. 물론 그것도 자신이 노력해야 한다. 무작정 삽질만 하는 것보다, 훨씬 낫지 않은가?

성공에 있어서 시작점이 어디든 그렇게 중요하지 않다. 밑바닥에서 시작해도 충분히 제2의 빌게이츠, 워렌버핏이 될 수 있다. 타고나는 외모나 실력, 유산들이 다 다르지만, 모두에게는 동일한 하루 24시간이 주어진다. 장동건으로 살아도 당장 내일 죽어야 한다면, 평범한 사람으로 10년을 사는 것을 부러워 할 것이다. 빌게이츠로 살아도 마찬가지다. 우리 모두는 동일한 시간 속에서 살아가고 있다. 지금도 세상에는 빈털터리가 자수성가하거나, 부자들이 거지가 되는 경우가 많다. 타고 나는 것이 가장 중요한 것이 아님을 말해주는 것이다. 더욱이 요즘에는 예전보다 더 많은 자수성가한 사람들이 쏟아지고 있다. 성공의 기회가 많아지고 있다는 것이다. 성공의 기회가 많은 세상에 동일한 시간이 주어졌는데, 가난하게 태어났다고 한탄만 하고 있는 것이 인생을 더 허무하게 만드는 것이다. 크게 자수성가하는 것은 다 옛날 말이라고 치부하기에는, 이 시대가 주는 기회가 너무나도 많다. 이런 시대에 제대로 된 목표와 열정을 가지기만 해도 반은 성공한 것이다. 누군가 "앞으로 50년이 2,000년 역사상 가장 성공하기 좋을 것"이라고 말했다.

어느새 한국은 선진국이 되어서 부자 나라가 되었다. 물론 빈부격차는 심하다. 미국에서도, 중국에서도 부자와 거지는 나뉘게 마련이다. 불황에도 호황에도 마찬가지다. 부자들을 질투하지 마라. 금수저들을 부러워하지 않아도 된다. 모두 우리의 VIP 고객들이다. 돈 많은 사람이 있기 때문에, 그 돈들로 우리는 자수성가할 수 있는 것이다. 세상에 돈을 써주는 사람이 없다면, 우리가 부자될 수 있는 기회도 사라지게 된다. 남을 질투하며 인생을 낭비하는 것보다, 하나뿐인 인생을 폼나게 살아야 하지 않겠는가. 더 이상 개발될 상품이 없고, 더 이상 세계 최고의 부자가 탄생되지 않을 것이라는 생각은 접어두자. 매스컴에서는 이 시대를 삼포세대라고들 이야기를 한다. 경제적인 문제로 연애, 결혼, 출산을 포기한 세대라는 말이다. 뉴스에서는 구직난이라는 말이 유행이 되었다. 나는 사실 이 모든 것이 시대의 문제가 아니라, 의지의 문제라고 생각한다. 정확하게는 구직난이라기보다, 구인난이다. 아직도 사람을 못 구해서 아쉬운 회사들이 많다. 마음에 드는 일자리가 없는 것이다. 정말 노력했는데도, 취직이 안 된다면 나에게 말해도 된다. 신입으로도 기본 월급 200만 원은 받게 해줄 수 있다. 대신 인성이 바르고 열심히 할 사람이어야만 한다. 실력이야 둘째치고 노력조차 하지 않는 사람이라면 답이 없다.

사장이 말하고 있는데 다리를 꼬고 있는 직원은 필요가 없다. 그런 직원은 언제 해고당해도 아쉬운 말을 할 자격이 없다. 너무 모질다고 하지 마라. 적어도 나는 그런 모습을 두고 볼 수가 없다. 일을 아무리 잘해도 마찬가지다. 차라리 실력은 없어도 성실하고 예의바른 직원이 낫다. 실력은 언제든 나아질 수 있기 때문이다.

이 시대의 성공키워드는 확실히 '열정'이다. 노력하자. 가난하게 태어났다고 원망하기에는 지금 시대가 주는 기회들이 너무나도 많다. 방법을 모르겠다고 한탄만 하지 말자. 나를 찾아와도 된다. 네이버에서 '자수성가 공부방'을 검색해서 가입하고, 무료 상담 신청을 하라. 누군가는 지금도 말하고 있다.

"참 살기 좋은 세상이다."